MarkeZine BOOKS

デジタル時代の実践スキル

（一社）SNSエキスパート協会　代表理事
（株）コムニコ　シニアアナリスト　後藤真理恵

SNS 戦略

「わかる」から「できる」へ
目に見える具体的な成果が出せる！

はじめに

- SNSマーケティングの入門書は読んだ。基礎や理論は理解したつもり
- 企業がSNSを活用することが大事なのは知っている。具体的な一歩を踏み出したい
- とにかく「具体的」にSNS戦略を「実践」するための参考書が欲しい

このような思いを持つ方は多いのではないでしょうか。

「よし、うちの会社もSNSをやろう！」と意気込んでSNSアカウントを作ってみたものの、「具体的に何から始めたらいいのかわからない」「成果がまったく見えない」という状況からフェードアウトしてしまうケースも多く見られます。

基礎や理論をわかっている・理解しているだけでは、具体的な成果を出すことも、実践し継続することも、難しいのが現実のようです。

■SNS戦略・SNSマーケティングが「わかる」から「できる」へ

ランチェスター戦略の「学びの7段階」をはじめ、学びや成長、スキルアップを段階分けしたフレームワークはいろいろありますが、「わかる」と「できる」の間には壁（ハードル）がある点はほぼ共通しています。

本を読み終えたりセミナーを受けたりした直後の、「わかった！」という達成感と、「やるぞ」と意欲に満ちあふれた段階はとても心地よいものですが、皆さんの目指す最終地点（ゴール）はそこではないはずです。

本書が目指すのは、「わかったつもり」の達成感を得て「よし、やろう」とモチベーションがアップして終わる書ではなく、**読み終えてすぐに「実践する」「できる」ためのガイド的存在**です。

そのため、これまで多くのSNS担当者の育成に携わってきた経験から得た、担当者が知りたい具体的で実践的なノウハウも可能な限り解説しました。

たとえば、次のような課題への具体的解を見つけることが可能です。

- ファン・フォロワーとの良好な関係を構築するためには、継続的なSNSへの投稿が大切だとわかってはいるが、投稿案は具体的にどうやって考

えればいい？

- SNSでの「炎上」には気を付けるべきとわかってはいるが、具体的には
どのような点に気を付ければいい？

■「SNSマーケティング」と「SNS担当者育成」のプロが執筆

　私は東京大学文学部で日本語を専門に学んだ後、日本オラクルにて教育
サービス、マーケティングなどを担当しました。2013年にコムニコに入社
して以来、企業のSNSマーケティングを支援するチームのプレイングマ
ネージャーとして、規模も業種もさまざまな企業のSNSマーケティングの
支援を行ってきました。

　さらに、2016年11月にはSNSエキスパート協会の代表理事に就任し、会
社という枠を超えて「SNSマーケティングを実践できる人材の育成」と
「SNSマーケティングの正しい知識の啓蒙」を続けて今日に至ります。おか
げさまで「SNSエキスパート検定（初級・上級）」「SNSリスクマネジメン
ト検定」は2017年春の開始以来多くの方に受け入れられ、累計合格者は
2020年5月には2,000名を突破しました。

　これらの検定講座以外にも、SNSマーケティング支援業務で得た知見と
ノウハウを執筆・講演・メディア出演などの形で広く発信し、SNSマーケ
ティングを正しく効果的に実践できる人材育成の支援を続けています。も
ちろん、本書にもそれらのエッセンスを詰め込みました。

　SNS戦略が「わかる」（理解）段階から「できる」（実践）段階へと、読
者の皆さんがステップアップされ、皆さんの企業・団体がSNSを活用して
ビジネス上の目標を見事達成される一助となれたなら、筆者としてこれ以
上の喜びはありません。

　なお、本書のご感想など、ハッシュタグ「#実践SNS戦略」を付けてSNS
に投稿していただけたら大変嬉しく存じます。

　それでは、SNS戦略を「実践」する一歩を踏み出していきましょう。

2020年8月　後藤 真理恵

Contents | 目次

> Chapter 1

SNSの過去・現在・未来、そして「SNSマーケティング」とは？ ………… 013

> Chapter 5

定期的に効果測定しよう 99

> Chapter **6**

SNSアカウントの 運用体制を社内で構築しよう ………… 135

> Chapter 8

SNS担当者のお悩み10選

読者特典のご案内

本書をご購入いただいた方に、SNSマーケティングで役立つツールを
ご提供しています。なおご利用の際は会員登録（無料）が必要です。

https://www.shoeisha.co.jp/book/present/9784798163963

●注意
※会員特典データのダウンロードには、SHOEISHA iD（翔泳社が運営する無料
　の会員制度）への会員登録が必要です。詳しくは、Webサイトをご覧ください。
※会員特典データに関する権利は著者および株式会社翔泳社が所有しています。
　許可なく配布したり、Webサイトに転載することはできません。
※会員特典データの提供は予告なく終了することがあります。あらかじめご了承
　ください。
※会員特典データに記載されたURL等は予告なく変更される場合があります。

1

SNSの過去・現在・未来、そして「SNSマーケティング」とは?

この章では、SNS の歴史や各種最新データをひもといた後、「なぜ、企業は SNS をマーケティングに活用すべきなのか」「SNS マーケティングとは具体的にどんな施策なのか」などについて解説します。

押さえておきたい！
SNSの最新データとその歴史

国内総人口は減少、ではSNS人口は？

　少子高齢化問題が叫ばれて久しい昨今ですが、実際、総務省統計局の発表資料によれば、日本の総人口は2019年現在で約1億2,600万人と、2010年頃から減少フェーズに入っています。

　ところがそれとは逆に、国内の「SNS利用者数」は増加の一途です。ICT総研の調査結果によると、国内のSNS利用者数は既に7,500万人を超え、2020年末には7,937万人（総人口の約63％）に達するであろうと予測されています。

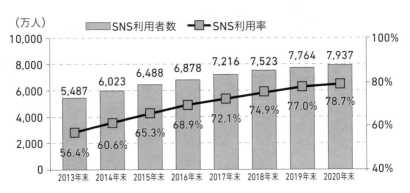

※SNS利用率はネット利用人口に対するSNS利用者の割合（2017年末のネット利用人口は10,012万人）

出典：ICT総研「2018年度 SNS利用動向に関する調査」
URL https://ictr.co.jp/report/20181218.html

図1-1　日本におけるSNS利用者数

また、国内の「SNS利用率」も、順調に数字を伸ばしています。2019年（令和元年）時点で69.0%（前年比+9.0%・インターネット利用者に対する割合）に達しました。

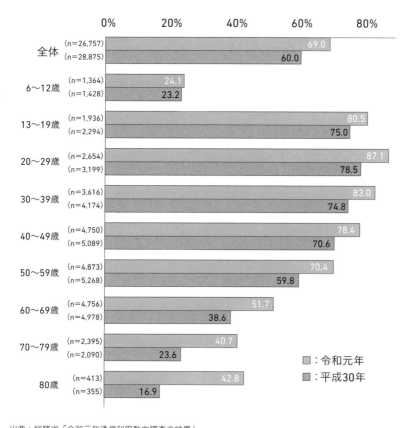

出典：総務省「令和元年通信利用動向調査の結果」

URL　https://www.soumu.go.jp/johotsusintokei/statistics/data/200529_1.pdf

図 1-2　SNSの利用状況（個人）

SNSの基本情報

　SNSがここまで多くの日本人に好まれ、受け入れられてきたのはなぜなのでしょう。まずは、SNSの基本情報を再確認しておきましょう。
　SNSの基本的な特徴は、次の2点に集約することができます。

- 不特定多数のユーザーが、知人、他人、企業や団体、興味・関心そのものと自由につながることができる
- ユーザーは、情報の受信者にも発信者にもなることができる

　こうした特徴を備えたサービスは、後にも先にもSNS以外ないでしょう。
　今ではすっかり私たちの生活に浸透したSNSですが、その歴史はさほど古くありません。国内におけるインターネットとSNSの歴史についても、ざっくりと振り返っておきましょう。

日本におけるインターネットとSNSの歴史

■インターネット普及期（1997〜2004年）

　1997年頃より、多くの企業で1人1台PCが支給されるようになり、PCは家庭にも徐々に普及していきました。また、国家事業としてのインフラ整備も進んだ結果、日本のインターネット人口は飛躍的に増加しました（『平成21年度情報通信白書』によれば、1997年に約9%だったインターネットの人口普及率は2002年に約58%にまで上昇）。
　情報流通面から見ると、この頃には大企業を中心に多くの企業が自社のWebサイトを開設して情報発信に努めるようになりました。対して、ほとんどの個人ユーザーは「情報受信者」としてインターネットを利用していたのですが、2003〜2004年に「ブログ」やコミュニティサイトの「mixi」が登場したことで、**個人ユーザーも情報発信を簡単に行える時代が到来し**

ました。一般人でありながら多数の読者を獲得する人気ブロガーが誕生したり、芸能人や有識者などの有名人もブログを通じて情報発信を始めたりしたことで、国内でのブログ読者層は飛躍的に広がりました。

■SNS普及期（2005〜2011年3月）

2005年にアメリカで誕生し、2006年にブームになったYouTubeが日本語版サービスを開始したのは2007年のことです。2008年にはTwitter、Facebookの日本語版などが続々登場し、ブログよりも短い文章で手軽に情報発信できることから人気を博しました。また、同年には初代iPhoneやAndroid端末の発売が開始され、スマホやタブレット型端末が広く普及すると、SNS人気にも拍車がかかりました。

2010年には「画像や動画がメインのSNS」としてInstagramがサービスを開始し、ユーザーはスマホで撮影した画像や動画をInstagramが提供するフィルターや無料の画像編集アプリなどで簡単に加工する楽しみ方を覚えました。ネットワークの高速化・低価格化も進み、いつでもどこでもインターネットを利用するユーザーが増え、外出先からでもSNSで簡単に情報の受発信を楽しむようになりました。

■SNS定着期（2011年3月〜現在）

2011年3月の東日本大震災発生後、電話やEメールが使えない・使いにくい状況が続く中、コミュニケーションツールとして特に注目を集めたのがTwitterでした。震災発生直後から「被害状況発信」「安否確認」「避難所情報」「救助依頼」「救援物資リクエスト」「インフラ・交通などの復旧状況」など、さまざまな目的で大量のツイートが受発信されました。あふれかえる情報の中から自分が知りたい情報だけを効率よく読むことができる「ハッシュタグ」の使い方やその便利さを多くのユーザーが習得しました。

また、個人や一般企業だけでなく官公庁もTwitterを使って情報発信を始めるようになり、これをきっかけにSNSを始めた人も多くいました。この災害までは「趣味の情報受発信の場、家族や友人との情報交換の手段」

という面がクローズアップされていたSNSが、「**重要な情報やニュースも
リアルタイムに受発信できるツール**」としての地位も確立したといえるで
しょう。

　震災から数カ月後に登場したLINEは、今では月間利用者数8,400万人を
数えるまでに普及しました。LINE以降も新しいSNSは次々登場しており、
あるものは消えあるものは今現在も人気を保っています。

　こうして私たちの生活に定着したSNSですが、市場はまだまだ成長過程
です。これからも新しいSNSが次々と登場してくるでしょうし、それを取
り巻く環境もどんどん変化していくことでしょう。SNSの新たな楽しみ
方、新たな活用方法、新たな存在意義の誕生にも注目していきたいところ
です。

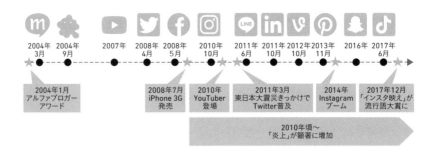

図1-3　日本における SNS の歴史

Section 02

ユーザーの情報消費行動の変化を知る！

ユーザーを取り巻く「情報量」の変化

　インターネットやSNSの普及と足並みをそろえるように、国内における「流通情報量」は増加の一途ですが、私たち一人ひとりの「消費情報量」は、ほぼ横ばいです。つまり、到底消化しきれないくらい大量の情報に囲まれている状態といえるでしょう。

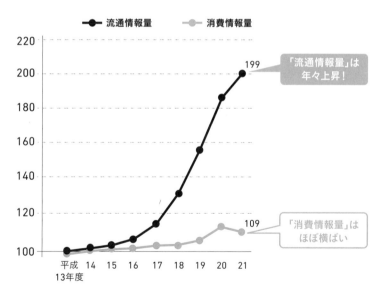

出典：総務省情報通信政策研究所調査研究部「我が国の情報通信市場の実態と情報流通量の計量に関する調査研究結果（平成21年度）－情報流通インデックスの計量－」
URL http://www.soumu.go.jp/main_content/000124276.pdf

図1-4　流通情報量と消費情報量の推移

こうした環境の変化が一因となり、ユーザーの情報消費行動にも変化が見られるようになりました。特に大きな変化は次の2つです。

- 自分に不要な情報・興味がない情報は見ない・聞かない
- 自分が欲しい情報は「検索」で積極的にとりに行く

それぞれについて詳しく見ていきましょう。

ユーザーが興味を持たない情報は届かない

　今に始まったことではないですが、求めていないのに・興味がないのに企業から一方的に送られてくる情報（チラシ、ダイレクトメール、スパムメール、Webのポップアップ広告など）を、ユーザーは見ることなく廃棄してしまいます。

　テレビなどのマスメディア広告も、そもそも新聞やテレビを見ない人が増えてきていることもあり、ますます届きにくくなっています。

　企業からの一方的な情報発信は、ユーザーに届かないだけでなく、場合によってはユーザーに嫌われてしまうリスクさえあるのが現状です。

「Google／Yahoo!検索」より「SNS検索」の時代へ

　処理しきれないほど大量の情報の中から自らが求める情報を確実に得るため、ユーザーは「検索」をより積極的に行うようになりました。検索と聞くとGoogleやYahoo!などの検索エンジンをまず思い浮かべる方が多いと思いますが、実は昨今、「SNSで情報検索」をする人が増えているのです。

　総務省「令和元年通信利用動向調査の結果」では、「（個人が）SNSを利用する目的」として、1位が「従来からの知人とのコミュニケーションのため」、2位が「知りたいことについて情報を探すため」という回答結果が出ています。特に2位の回答は、前年に比べ6.2％も増えています。

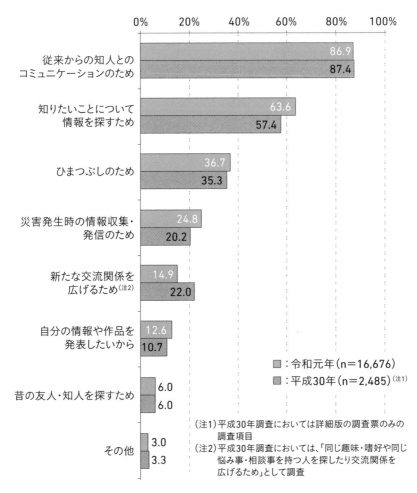

出典：総務省「令和元年通信利用動向調査の結果」
URL https://www.soumu.go.jp/johotsusintokei/statistics/data/200529_1.pdf

図1-5 SNSの利用目的（個人）

また、ニールセンの調査によると、スマホのTwitterアプリ利用者のうち、10代は75%、20代は約半数のユーザーが、Twitterで情報検索をしていることがわかっています。

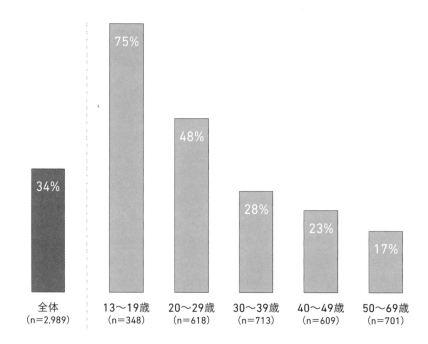

全体
（n＝2,989）

13〜19歳
（n＝348）

20〜29歳
（n＝618）

30〜39歳
（n＝713）

40〜49歳
（n＝609）

50〜69歳
（n＝701）

出典：若年層スマホユーザーは日常的にSNSで情報収集 〜ニールセン、SNSの最新利用動向を発表〜
URL https://www.netratings.co.jp/news_release/2016/08/Newsrelease20160831.html

図1-6　Twitter内検索利用動向（スマホユーザー全体に対する年代別利用者割合）

　Twitterで検索される情報は、どちらかといえば「地震速報」「公共交通機関の運行情報」や「トレンド・ニュース」など、リアルタイムに知りたい情報が中心といわれています。

　一方、旅行や食事など、未来の行動のために事前の情報収集によく使われるSNSがInstagramです。Instagramを傘下に置くFacebook社の発表によると、20%のユーザーがInstagramで毎日情報検索を行い、ユーザーの4人に1人はハッシュタグ検索で情報収集をしているそうです（参考：2019年9月現在国内のInstagram月間アクティブユーザー数は3,300万人）。

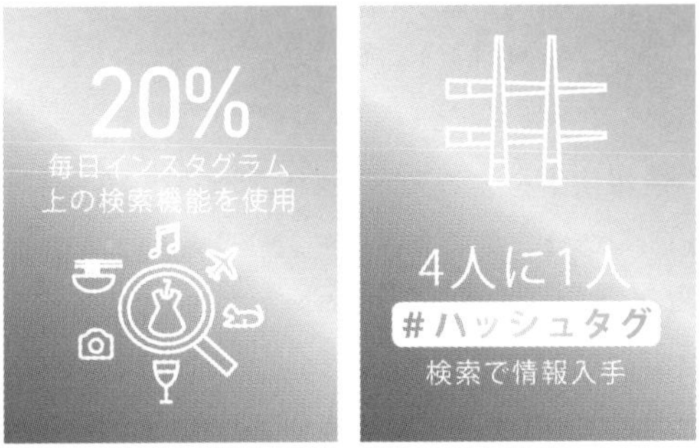
20%
毎日インスタグラム
上の検索機能を使用
4人に1人
#ハッシュタグ
検索で情報入手

出典：国内利用者のInstagram活用の現状
URL https://business.instagram.com/blog/instagrammers-in-japan?locale=ja_JP

図1-7 Instagramでユーザーが行う「検索」活動

さらに、マクロミルの調査でも、買い物をする際にSNSの情報に影響を受けると答えたユーザーが、15〜38歳では半数以上いることがわかります。

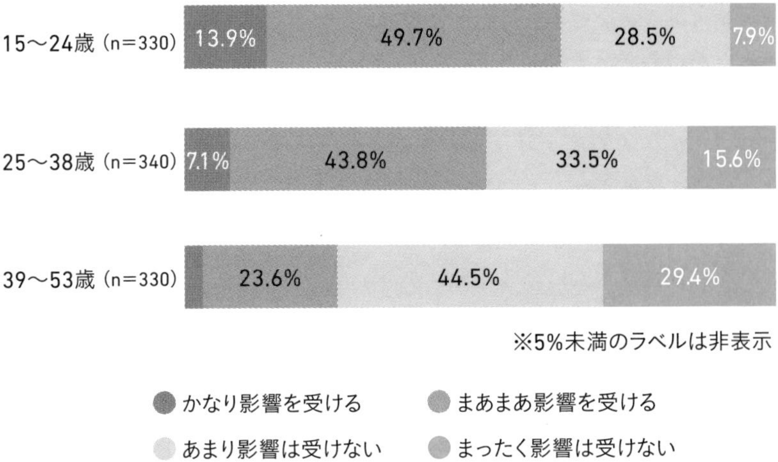
15〜24歳（n=330）
13.9%
49.7%
28.5%
7.9%
25〜38歳（n=340）
7.1%
43.8%
33.5%
15.6%
39〜53歳（n=330）
23.6%
44.5%
29.4%
※5%未満のラベルは非表示
かなり影響を受ける
まあまあ影響を受ける
あまり影響は受けない
まったく影響は受けない

出典：マクロミル「HoNote」
URL https://honote.macromill.com/report/20181002/

図1-8 買い物時、SNSの情報にどのくらい影響を受けるか？

ユーザーがSNS検索をする理由

　昨今、SNSで情報検索をする人がいかに増えているかがおわかりいただけたことでしょう。では、なぜユーザーは「Google ／ Yahoo!検索」よりも「SNS検索」をするのでしょうか。

　いくつかの調査結果やユーザーからのヒアリング結果から見えてくるのは、「**SNS検索では、他のユーザーのリアルな声／生の声を得られるから**」という意見です。逆にいえば、検索エンジンで得られる情報は、企業発信の情報、企業視点の情報、場合によっては宣伝広告目的で作り込まれた「キレイな情報」であり、それは必ずしもユーザーのニーズを十分には満たしてくれない、といえるのではないでしょうか。

　具体的に考えてみましょう。たとえば、「海外旅行に行きたい」と思ったとき、数年前までは旅行のガイドブックや旅行会社のWebサイトを見て情報収集する人が多かったと思います。ところが最近では、「国・都市・観光地・レストランなどをInstagramのハッシュタグで検索すること」から始める人が増えています。「来週○○に行く場合、どんな服装を準備していけばいいのだろう？」と思えば、その都市名のハッシュタグで検索し、写真に写っている人たちのリアルな服装を参考にするのです。予約しようか迷っている現地レストランがあれば、店名のハッシュタグ検索やスポット検索を行い、外観、内装、客層、ふさわしい服装、テーブルの間隔、実際の料理の量、日本人に合う味付けか否かなどの感想など、あらゆる「リアルな声」をInstagramから収集する、というわけです。

マーケティング担当者が留意すべき2つのこと

　こうしたユーザーの行動の変化を理解した上で、企業のマーケティング担当者は次の2点に留意すべきです。

　1つ目は、「自社からどんな情報を発信するか」について検討する際、

「ユーザーに知ってもらいたい情報だけを発信する」という自社視点だけにとらわれていないかという点です。また、「インターネット上で情報発信」＝「自社Webサイトで情報発信」がすべてではありません。ですから、たとえば「自社のWebサイトは、競合・同業他社のWebサイトに比べて情報が充実しているか否か」を意識するだけでは不十分なのです。大事なのは、「**ユーザーはどんな情報を求めているのか**」です。それを知るには、一般のユーザー同様、企業もSNS検索を行い、「ユーザーのリアルな声／生の声」を収集する必要があります（この具体的手法「ソーシャルリスニング」については、Chapter 4で説明します）。

2つ目は、SNS検索で得られる**「ユーザーのリアルな声／生の声」に耳を傾けること**です。このユーザーのリアルな声のことをUGC（User Generated Contents）ともいいますが、好意的な内容のUGCは自社のブランド・商品・サービスにとって大きな宣伝効果をもたらしてくれる可能性が高いと考えられています。したがって、「好意的なUGCをいかに多く増やすか」、つまり、1人でも多くのユーザーに自社のブランド・商品・サービスに関するよい口コミ（リアルな声／生の声）を自主的に書いてもらえるようにするにはどんな施策が考えられるか。この視点を持ってSNSマーケティングの目的・ゴール設定、戦略立案・施策を行っていくことも大切です。

企業が今すぐ「SNS戦略」を進めるべき理由

▌ SNS戦略をとることで得られる3つの効果

　前節で説明したユーザーを取り巻く環境の変化、そしてユーザーが情報を消費する行動の変化を理解した上で、企業はそれらに寄り添うようなマーケティング活動をする必要があります。すなわち、「適切なタイミングで」「ユーザーが望んでいる情報／ユーザーが喜ぶ情報」を提供し、「良好なコミュニケーションをとる」ことが大切です。

　これらを実現するのにSNSは最適なツールといえるのですが、具体的にその理由を挙げておきましょう。

①SNSを通じて企業はファンに情報を届けられる

　SNSを通じて、企業は自社のファン・または潜在的ファンと直接つながることが可能です。そして、SNSを通じて彼ら彼女らに情報を届けることができます。

②ユーザーからの反応がリアルタイムで可視化される

　SNSでは、企業が発信した情報に対するユーザーからの反応（「いいね！」やコメントなど）がリアルタイムに可視化され、確認することができます。また、ユーザーに「いいね！」を返したりコメントに返信したりすることで、ユーザーとの双方向のコミュニケーションをとることも可能です。さらに、「アクティブサポート」（企業アカウントから積極的にユーザーにSNS上で話しかけて、疑問や不満を解消し、満足度向上などを実現するマーケティング手法。詳しくはChapter 4で説明します）でユーザー

に積極的に働きかけていく方法もあります。これまで自社の商品・サービスの購入者やファンと直接つながるチャネルがなかった企業にとっても、SNSは貴重なマーケティング施策の場になり得るのです。

③「ユーザーのリアルな声／生の声」を収集できる

「ユーザーは自分が知りたい情報を得るためにSNS検索を行い、他のユーザーのリアルな声／生の声を得ている」のは既に述べた通りです。

こうしたSNSのメリットを享受できるのは、個人ユーザーだけではありません。企業・団体もまた、SNSを情報収集・分析の場として活用することができるのです。すなわち、企業名・ブランド名・商品名・サービス名などをSNSで検索（エゴサーチ、ソーシャルリスニング）することによって、「ユーザーのリアルな声／生の声」を収集し、その結果を分析して商品開発や顧客満足度向上、戦略立案などさまざまな目的で活用することができるのです。

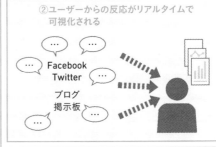

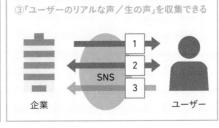

図 1-9 企業がSNS戦略を進めることで得られる3つの効果

総務省『平成30年通信利用動向調査』によると 平成30年現在SNSを活用している企業の割合は36.7%と、年々その割合が増えていることがわかります。

また、SNSの活用目的を用途別に見ると、「商品や催物の紹介 宣伝」が73.7%と最も高く、次いで「定期的な情報の提供」が59.6%となっています。つまり、SNSマーケティングの重要性を理解し取り組みを始めている企業はジワジワ増えているものの、実際のSNSの活用方法として「情報発信」や「宣伝」の域を超えられていない企業がまだまだ多いということです。

だからこそ、今、本書を手にとることができた方々は、十分アドバンテージがあります。他社よりも早く、そして確実に「SNS戦略」を実行し、自社の目的達成に向けて邁進していきましょう。

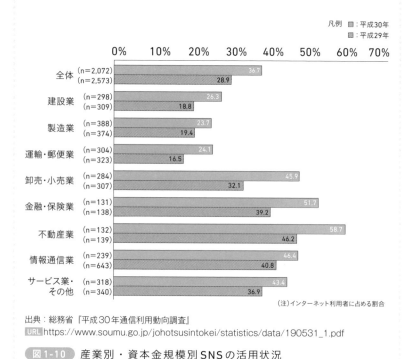

出典：総務省『平成30年通信利用動向調査』
URL https://www.soumu.go.jp/johotsusintokei/statistics/data/190531_1.pdf

図1-10 産業別・資本金規模別SNSの活用状況

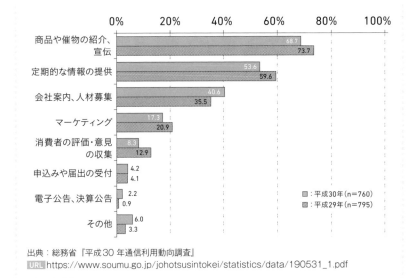

出典：総務省『平成30年通信利用動向調査』
URL https://www.soumu.go.jp/johotsusintokei/statistics/data/190531_1.pdf

図1-11 ソーシャルメディアサービスの活用目的・用途（複数回答）

SNSの過去・現在・未来、そして「SNSマーケティング」とは？

企業がSNSを活用すべき
目的と理由

▌ 最初に決めるべきは「目的・ゴール」

　前節までで、「企業は、ユーザーを取り巻く環境の変化やユーザーが情報を消費する行動の変化に寄り添うようなマーケティング活動をするべき」と述べ、詰まるところ「適切なタイミング」で「ユーザーが望んでいる情報／ユーザーが喜ぶ情報」をユーザーに提供し、「良好なコミュニケーションをとることができる」マーケティング施策の場としてSNSが最適である、と説明しました。

　「うちの会社もSNSを活用するぞ！」という思いを新たにされた読者の方も多いと思いますが、ここで、1つ気を付けたい点があります。それは、「『SNSを活用すること』そのものを目的・ゴールにしないこと」「まずは目的・ゴールから考えること」です。

　「SNSの活用」は、あくまでもマーケティング施策のひとつです。マーケティング施策を始める前に大事なのは、「手段」より先にまず「目的・ゴール」を決めることです。それは、SNSマーケティングにおいても同じことなのです。本末転倒にならないように留意しましょう。

○良い例
　「自社におけるマーケティング上の課題（達成したい目的・ゴール）は何だろうか？」　→　「どのSNSでどんな施策を実行するのが適切だろうか？」　→　SNSの選定・SNSマーケティング施策の選定

×悪い例

「最近Instagramがブームらしいから」「競合他社がTwitterでバズったらしいから」わが社もSNSを活用しよう！ → 「SNSの活用（SNSマーケティング）」といえば「SNSアカウントの運用」だろう → 取りあえず公式SNSアカウントを作成

一般的に挙げられる目的・ゴールでSNSとの相性がよいのは、「ブランド好意度向上」「ファンの育成」「ファンとの関係強化」などでしょう。これらも含めて具体的な目的・ゴールの例についてはChapter 2で詳しく説明します。

> **✎ Memo** ステルスマーケティング（ステマ）に要注意！
>
> ステルスマーケティング（ステマ）は、「消費者に宣伝と気付かれないように宣伝行為をすること」と定義されています。
> インフルエンサーマーケティングは人気があり効果的な施策ですが、ステルスマーケティングにならないよう十分な注意が必要です。たとえば、インフルエンサーに対価を支払って自社商品の紹介を依頼する場合、それが宣伝（広告）であることを明示しないと、ステルスマーケティングに該当してしまいます。
> このような活動は、情報操作や生活者をだます行為として、ユーザーに大変嫌われ、炎上のリスクもあります。また、宣伝を依頼した会社はもちろん、業界全体の信頼を下げてしまうことになりかねません。
> 日本国内ではステマに対する法整備が遅れているといわれますが、専門機関や専門家の間では、（景品表示法や不正競争防止法上などで）違法行為であるという見解が大半を占めています。なお、欧米ではステマは違法であると規定されているので、海外でインフルエンサーマーケティングの実施を検討している場合は、当該国の法律をしっかり確認するようにしましょう。

05

こんなにある！
「SNSマーケティング」施策例

SNSマーケティングにはさまざまな施策がある

　「SNSマーケティング＝SNSアカウントの運用」だと思っていませんか。それは正しくありません。「SNSアカウントの運用」は、数あるSNSマーケティング施策のひとつに過ぎず、実際は次に挙げるようにさまざまな施策が存在します。自社の目的に応じた最適なSNSマーケティング施策を選ぶようにしましょう。

■公式アカウントの開設・運用

　企業・団体がSNSに公式アカウントを開設してユーザーと直接つながり、商品やサービスの最新情報、企業・団体に関する情報、CSRや採用情報、クーポン発行などの情報発信を行う施策です。

　詳しくは後述しますが、この施策では企業・団体が宣伝色の強い情報を一方的に発信するのではなく、ユーザーが喜ぶ／楽しめるコンテンツも発信することで興味を喚起したり、企業とユーザー間での双方向コミュニケーションをとったりすることによって、シェアなどによる情報拡散やユーザーとの良好な関係構築を図っていくことが大切です。

■キャンペーン実施

　SNS上でプレゼントキャンペーンを実施する施策です。特にTwitterやInstagramなどにおいて多くの企業がフォロー＆リツイートキャンペーンやハッシュタグキャンペーンなどを実施しています。

　たとえば、次のような目的で行われることが多いです。

- 新規ファン・フォロワーの獲得（※Facebookにおいては、この目的でのキャンペーン実施は利用規約違反になります）
- 既存ファン・フォロワーへの感謝を示すことで良好な関係構築
- ファン・フォロワーによる投稿やリツイートを促すことで、商品名やアカウント名をSNS上に拡散させ、コミュニティを活性化
- ファン・フォロワーの嗜好などのリサーチ（人気投票やネーミング募集など）

■広告の配信・運用

　SNS上への広告の配信は、他媒体と比べて少額から始められることなどから人気があります。SNS広告は、ユーザーのタイムラインやニュースフィードに自然になじむ形で表示される「インフィード型（友人や家族の投稿と一体感のあるデザイン）」が主流です。また、SNS広告ならではの特徴として、「詳細なターゲティング指定が可能」「期間や予算、広告のクリエイティブなどを都度チューニングできる運用型」「目的に合わせたフォーマットや課金方式を選択可能」などがあります。

■ソーシャルリスニング

　「傾聴」と訳されます。ソーシャルリスニングの一手法である「エゴサーチ」という表現のほうがなじみがあるでしょうか。SNSをはじめ、ブログや口コミサイト、掲示板などで、ユーザーが自社や商品・サービスに対してどんな投稿や発言をしているのかを検索して探る施策です。ユーザーの「生の声」を収集・分析するだけでなく、ユーザーのプロフィールのチェックや、リスクモニタリングやユーザーサポートに活用することができます。自社ブランド・商品・サービスに関するUGCの発生数やその内容を確認する際にも、ソーシャルリスニングが有効です。

■アクティブサポート

　アクティブサポートは、SNS、中でもTwitterを活用したカスタマーサ

ポート施策のひとつです。自社の商品やサービスに対する疑問や不安、要望、不満を発信しているユーザーを見つけ出し、企業のSNSアカウントから能動的に話しかけ、直接会話をすることで問題解決を図ります。

　難易度が高く、時間も手間もかかりますが、SNSマーケティングにおいて重要な「ファンとの関係を深める」「ファンを集める」のに効果的な手法のひとつです。

■インフルエンサーマーケティング

　インフルエンサー（多くのファン・フォロワーに支持され、彼ら彼女らの行動に影響を与えるユーザー）に自社のマーケティング活動へ協力してもらう施策です。自社商品のターゲット層に影響力のあるインフルエンサーを探し出し、自社商品の紹介や彼ら彼女らのSNSアカウントで投稿してもらいます。

　インフルエンサーを探し出すことが意外と難しいことや、インフルエンサーとのやりとり、報酬支払いなどに関する契約締結など煩雑な手続きも多いため、YouTuberやInstagrammerなどのインフルエンサーをキャスティングやマネジメントする企業が存在します。また、インフルエンサーによるキャンペーンを希望する企業と、そのキャンペーンに最適なインフルエンサーとをマッチングするプラットフォームを提供するテクノロジー企業も存在します。

　なお、インフルエンサーマーケティングを実施する際には、「広告」「PR」であることを必ず明示し、ステルスマーケティング（ステマ）にならないよう注意しましょう。

　以上、「SNSマーケティング」施策にはさまざまなものが存在すること、そして、最初に決めるべきは「施策」ではなく「目的・ゴール」であることが理解できたでしょうか。

　次章からは、「目的・ゴール」をはじめ、自社のSNSマーケティング（SNS戦略）を始める前に決めておきたい事柄について説明していきます。

✎ Memo ▶ マーケティング施策は適材適所で!

「まず目的・ゴールから決める」ことが重要と述べましたが、目的・ゴールを決めた結果、自社のブランド・商品・サービスのマーケティング上の課題(目的・ゴール)を達成するためには「SNS以外の施策が適している」という結論に至ることも当然あり得ます。SNSといえど万能ではないと心得るとともに、あらゆるマーケティング施策の強み・弱みを理解した上で適切な使い分けをしたいものです。

ちなみにSNSが比較的得意な領域は、認知獲得(新規顧客獲得)よりも既存/潜在顧客との関係性強化、直近の売上獲得よりも未来の売上げの仕込み(潜在顧客の育成)です。とはいえ、これら以外の領域でもSNSを活用することはできますし、他媒体と組み合わせることで施策全体のパフォーマンス向上も可能になるでしょう。

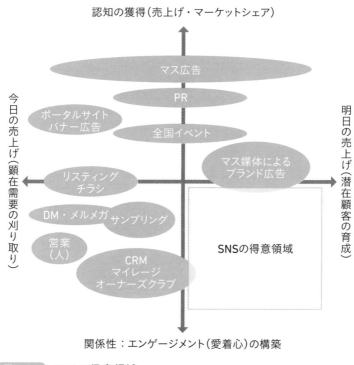

図1-12 SNSの得意領域

> Chapter **2**

SNSマーケティング
施策を始める前に

この章では、企業がSNSを活用する目的・ゴール、ペルソナやカスタマージャーニーマップの設定、そしてSNSの選定について解説していきます。また、SNS戦略の基本であるSNSアカウントの運用の基本ステップについてもその概要を紹介します。

まずは「目的・ゴール（KGI）」から設定せよ！

▌ 目的・ゴール（KGI）の決め方

　ここでは、マーケティングファネル（ファネル＝漏斗の意）を用いて、生活者の購買行動に合わせて適切に目的・ゴールを設定する方法を説明します。ファネルを用いてユーザーがどのフェーズ（段階）にあるかを見極めることで、マーケティング担当者は、それぞれのユーザーの状況に合わせたコミュニケーション戦略を立てることが可能です。

　図2-1では、ユーザーを「認知」「興味・関心」「比較・検討」「購入」「リピーター」「推奨行動」の6段階に分けていますが、これは一例と捉えてください。あくまでも皆さんの企業・団体のターゲットに合わせた**購買行動モデルに基づいて階層に分けること**が理想です。

　たとえば、「認知」フェーズのターゲットに対して、「現在どんなマーケティング上の課題があるか？」「どんなマーケティング上の目標（KGI：Key Goal Indicator：重要目標達成の指標）を実現したいか？」について分析・検討します。このフェーズでは、「潜在顧客の認知獲得」や「ブランド認知度向上」などをKGIに設定することが多いと思います。

　同様に、たとえば「比較・検討」フェーズのターゲットに対してのKGIであれば、「純粋想起率の向上」、「購入」フェーズのターゲットに対してのKGIは「実店舗への来店誘導」「購入意向の向上」などが考えられるでしょう。

図2-1　購買行動モデルとKGIの設定例

SNS戦略でよく使われるKGI

　SNSマーケティングにおいてよく設定される主なKGIを挙げておきますので、参考にしてください。

■ブランド認知度の向上
　まだ知名度の低い企業やブランドを、SNSを通じて潜在顧客・ターゲットユーザーに知ってもらうことを指します。

■ブランド好意度の向上
　「企業名やブランド名は認知している」フェーズのユーザーが、ブランドに対して好意的な感情を持ってくれるようになることを指します。

■Webサイト流入数の増加
　SNSから、外部Webサイト（例：自社のホームページ、自社ブログ、オ

ンラインショップなど）に流入してくれるユーザーの数が増えることを指
します。

■純粋想起率の向上

　「純粋想起率」とは、広告やブランドの浸透度などを調査する際の想起
（思い出すこと）の定義のひとつです。ユーザーに「○○といえば？」と問
い掛け、選択肢や画像などのヒントがなくてもすぐに思い浮かぶブランド
として挙げてもらえる確率を指します（選択肢や写真などを提示した上で
挙げてもらうことは「助成想起」といいます）。

■実店舗への来店誘導

　飲食や小売業など実店舗が存在する企業では、ターゲットユーザーに実
際に店舗まで足を運んでもらうことをKGIにするケースも多くあります。
店舗で利用できる割引クーポンをSNS上で配布し、その利用枚数や利用率
を成果指標にします。

■購入意向の向上

　ターゲットユーザーに、実店舗やオンラインショップなどで自社商品・
サービスを購入してもらうこと、購入したいと考えてもらうことを指しま
す。「該当商品を購入するとLINEスタンプがもらえる」「プレゼントキャ
ンペーンに応募できる」などの購入者限定キャンペーンなどの施策を行い、
キャンペーン参加者数を成果指標にします。

■NPS（Net Promoter Score）の向上

　「NPS」とは、顧客ロイヤリティを数値化したもので、「あなたが○○（企
業やブランド名）を友人や同僚に勧める可能性はどのくらいありますか？」
と質問をして、その回答を 0点（お勧めしない）〜10点（お勧めする）の
11段階で答えてもらうというものです。9〜10点の集団を「推奨者
（Promoter）」、7〜8点の集団を「中立者（Passive）」、0〜6点の集団を「批

判者（Detractor）」と定義し、全体に占める推奨者の割合から批判者の割合を引いた数値がNPSです。「6点以下が批判者」と聞くと、ずいぶん厳しい定義だと思うかもしれませんが、これは「アンケートで高い点を付ける傾向が強い」日本人の国民性を考慮しているためです。NPSの定義は、国によって多少異なります。

NPS ＝ 推奨者（％）― 批判者（％）

■LTV（Life Time Value）の向上

「LTV」とは、「顧客生涯価値」と翻訳されるマーケティング成果指標のひとつです。企業・団体とユーザーの取引開始から終了までの期間を「ライフサイクル」といいますが、このライフサイクルを通じて、そのユーザーが企業・団体やブランドにもたらす損益を算出することで、マーケティングの成果指標としたものがLTVです。LTVが高いほど既存のユーザーとの関係性が強化されていると考えられます。

LTV ＝ 年間取引額 × 収益率 × 継続年数（滞在期間）

Section 02

象徴的でリアルなお客様像「ペルソナ」を決めよう！

ペルソナを定義する

SNSマーケティングのKGIが固まったら、自社のSNSマーケティングの対象となる**ペルソナを定義**しましょう。

1. SNSマーケティングのゴールを決める
2. ペルソナを決める
3. 各SNSの特徴と違いを理解する
4. ペルソナに応じて、またはマーケティングのゴールに応じてSNSを選定する

図2-2 SNSマーケティング目標設定の手順

ペルソナとは、自社にとって重要で象徴的なお客様（ターゲット）を具体化したモデルです。名前、年齢、性別、居住地、家族構成などはもちろんのこと、年収、趣味嗜好、性格、価値観、ライフスタイル、よく使うSNSなど、あたかも実在する人物であるかのごとく細部までリアルに定義することが大切です。

ペルソナを決めるメリット

マーケティング活動において、ペルソナを決めることにはさまざまなメリットがあります。以下にいくつか例を挙げておきましょう。

- 複数の担当者間で「具体的なターゲット像」を共有することで、マーケティング施策の設計から実施に至るまで、効率よく進めることができる
- マーケティング施策の場として最適なSNS選びの判断材料になる
- SNS広告を配信する際の「ターゲティング」設定の参考になる
- SNS投稿コンテンツや広告コピー、SNSキャンペーン賞品などを検討する際に、「ペルソナが喜びそうな内容／モノ」が選定の参考になる

ペルソナの決め方

ペルソナは、1人または複数の担当者が考えたり話し合ったりすることで決める場合もあります（類似する商品が存在しない場合や未発売商品のペルソナを決める場合などは、参考となるデータがほとんどないため、この決め方にせざるを得ない事情もあります）。ただし、この場合、「（ターゲットというよりも）自分たちにとって理想のユーザー像」や「現実離れした（リアリティに乏しい）ユーザー像」にならないよう注意が必要です。

より精度の高いペルソナを設定するための方法を、以下にいくつか挙げておきます。

- 自社商品の顧客データベース（愛用者登録情報、ユーザーアンケートなど）から、ターゲットの平均値や中間値などをペルソナに反映する
- ターゲットを接客したり、コミュニケーションをとったりする部門

（営業部門、店舗スタッフ、お客様コールセンターなど）の従業員からヒアリングし、ペルソナに反映する

- ターゲットにアンケートやインタビューを実施してペルソナ設定に必要な設問に対する回答を収集し、その平均値や中間値などをペルソナに反映する
- ソーシャルリスニングによってターゲットユーザーを見つけ出し、その属性や考え方、行動パターンなどの平均値や中間値などをペルソナに反映する

ペルソナシートに記入する

前述した方法で情報を収集・分析しターゲットの傾向をまとめたら、**ユーザー像の輪郭**を描きましょう。さらに、次のような細かな設定・情報を加えて、あたかも実在する人物のプロフィールであるがごとく具体化できるところまで目指しましょう。まとめた内容は**ペルソナシート**（テンプレート）に記入します。ペルソナシートには、次のような項目を書き込みます。

■プロフィール
- 顔写真（フリー素材などを活用するとよい）
- 名前
- 年齢／性別
- 職業（業種・職種・役職）
- 居住地
- 家族構成
- 年収
- 性格
- 趣味

■人物のエピソード（日常の過ごし方、人となりがわかるエピソードなど）

■情報源（よく見るメディア）

- 購読している新聞、雑誌
- よく見るテレビ番組
- よく見るWebサイト
- 使っているSNSと利用頻度

■考え方、行動

- よく行く場所（街）
- 口ぐせ
- 仕事や人生における目標、ゴール
- 仕事や人生における課題、悩み

■行動シナリオ（1日のスケジュール）

- 平日
- 休日

　以上の項目を記入したペルソナシートの例が図2-3になります。なお、Googleで「ペルソナシート」「ペルソナ テンプレート」などと検索すると、さまざまな種類が出てきます。自社のマーケティング施策に合うもの、担当者が使いやすいものを選んで構いません。ペルソナは少なくとも3～5つほど設定し、定期的に見直して精度を高めるようにしましょう。

プロフィール
氏名：山川　薫

・年齢：31歳　　・居住地：中目黒
・性別：女性
・家族構成：夫と2人暮らし
・職業：大手 IT企業 営業職

ある日の行動シナリオ

時間	主な活動	タッチポイント
6:30	起床	テレビ
8:00	出勤	スマホ
9:00	オフィスワーク	PC
12:00	ランチ	スマホ
15:00	外出（外回り）	タブレット
19:00	会食	スマホ
22:00	帰宅	スマホ、テレビ
24:00	就寝	―

性格：**社交的、新しいもの好き、向上心が高い**
趣味：**食べ歩き、ショッピング、ドライブ**

人物のエピソード
週末は夫と買い物に出掛けることが多い。平日の夜は、
夫婦それぞれ業界のセミナーなどに積極的に参加して
おり、スキルアップやキャリア志向が高い。ファッションは
シンプルで機能的なものを選ぶがトレンドは押さえたい
と考えている。
学生時代や会社の同僚と食事の予定は月に1回程度。
友人の誘いで始めたヨガにはまり、健康に気を使い始め
る。自分のアクティビティを日常的にSNSに投稿。

よく見るSNSやアプリ
プライベートでは、Instagram、Cookpad、LINE、ニュース系アプリ。仕事では日経電子版。
Facebookは投稿することはまれだが、同僚や取引先の投稿をよくチェックする。

よく行く場所
平日：渋谷、六本木、銀座などセミナー会場の周辺のカフェ
週末：自由が丘、二子玉川

図 2-3 ペルソナシートの例

03

「カスタマージャーニーマップ」、それは「ペルソナの旅」

カスタマージャーニーマップとは？

　ペルソナ設定だけでもよいのですが、加えて**カスタマージャーニーマップ**を作るのもお勧めです。「カスタマージャーニーマップ」とは、ペルソナの思考や行動を時系列に可視化したものです。

　カスタマージャーニーマップを作成するメリットとして、次のものが挙げられます。

- 企業・団体が、どのタイミングでどんな接点でターゲットにアプローチすべきか検討する際の参考になる
- 現行の施策が、届けたいターゲットにちゃんと届いているか否か、嫌われたりしていないかなどの検討・分析に生かせる
- 顧客・ターゲットの目線に立つことができ、マーケティング施策やコンテンツを検討する際の参考になる

カスタマージャーニーマップの作り方

　カスタマージャーニーマップの横軸には、購買行動モデルに沿ったフェーズを入力します。縦軸には、各フェーズにおいて、ペルソナがどのようなチャネルやタッチポイントで、どんなことを考えたりどんな行動をとったりするのか、ペルソナの人物像から、その思考や行動に関する仮説を立てて記入していきましょう。

フェーズ	認　知	興味・関心	比較・検討	購　入
チャネル	PC／スマホ	PC／スマホ	PC／スマホ	PC／スマホ
タッチポイント	・SNS投稿 ・SNS広告	・検索エンジン ・口コミサイト	・SNS投稿 ・Webサイト	・Webサイト ・キャンペーンサイト
行　動	通勤中にスマホを見る Facebookを見る Instagramを見る	・空き時間や自宅で情報収集 ・「おうちヨガ」情報の検索 ・ヨガ用品の検索 「おうちヨガ」情報の検索 ヨガ用品の情報検索 ⚠ 気に入った商品を発見	メーカーサイトで商品を確認。使っている人のFacebookやInstagramにコメント Instagram ・・・・・・・・・・ 購入者の投稿にコメント メーカーサイトで仕様確認	メーカーサイトからキャンペーン価格で購入 メーカーサイト 購入
思　考	ヨガスタジオになかなか通えないな。「おうちヨガ」って楽しそう	私も家でヨガをしたいな。ヨガマットが欲しいな	色・サイズ・素材はどれにしようかな。メーカーサイトで調べてみよう。Instagramで投稿している人に感想を聞いてみよう	地球にもやさしいエコ素材のヨガマットを見つけた。キャンペーン価格だから、これを買おう

図2-4 カスタマージャーニーマップの例

　図2-4は、あるヨガマットメーカーが、「購入意向の向上」というKGIに向けて作ったカスタマージャーニーマップの例です。たとえば、「認知」フェーズにいるペルソナは、（会社員だから）通勤中にスマホを使ってSNS投稿やSNS広告を目にするだろう（日頃からよく使っているInstagramを見ているだろう）。そうした行動をとりながら、「ヨガスタジオになかなか通えないな。『おうちヨガ』って楽しそう」といったことを考えているだろう――と仮定しながら記入していくのです。

　ペルソナが具体的かつリアルに定義できていれば、カスタマージャーニーマップも同様にリアルに作成できることでしょう。

KGI達成に最適なSNSは？
ペルソナはどのSNSにいる？

どのSNSから始めるべきなのか？

　目的・ゴール（KGI）を設定し、ペルソナも決定したところで、マーケティング施策の場とすべきSNSを選定します。

　予算も人員も潤沢にあるのであれば、最初から主要SNSをすべて使うことも不可能ではないと思いますが、極めてまれなケースではないでしょうか。まずは、**自社のKGI、ペルソナを考慮して、目的達成に最適と考えられるSNS**を1つ選んで、スモールスタートから始めていきましょう。

　たとえば、Twitterを使った施策だけをまず3カ月続けてみて、順調に軌道に乗ったなら、他のSNSにも横展開していきます。逆に、「予想に反して、ターゲット（ペルソナ）はTwitterにいないようだ」と感じたら、InstagramやFacebookなど他のSNSに切り替えるのも手だと思います。

主要なSNSの特徴を知る

　図2-5は、主要なSNS（Facebook、Twitter、Instagram、LINE）の特徴です。KGI、ペルソナ、カスタマージャーニーマップなどを考慮しながら、どのSNSが最適か検討しましょう。さらに、どのSNSマーケティング施策（Chapter 1の05参照）を実施するかもあわせて決めるとよいでしょう。

　これら以外にも、SNSごとのユーザー構成や利用頻度などさまざまな調査データがプラットフォーマーやサードパーティーによって発表されています。ぜひ最新のデータを検索して参考にしてください。

	Facebook	Twitter	Instagram	LINE
国内月間利用者数	2,600万人	4,500万人	3,300万人	8,400万人
アカウント作成ルール	• 13歳以上 • 実名登録 • 1人1アカウント	• 13歳以上 • 匿名登録可 • 複数作成可（若年層は1人平均2〜3アカウント持っているといわれる）	• 13歳以上 • 匿名登録可 • 複数作成可（1人最大5つまで）	• 年齢制限はないが、18歳未満ユーザーは機能が制限される • 匿名登録可 • 1つの電話番号で1アカウント
投稿できるコンテンツの種類	• テキスト • リンク • 画像（1枚・複数・アルバム・カルーセル） • 動画 • LIVE対応 • ストーリーズ • アンケート	• テキスト（140文字まで・英数字は280文字まで） • リンク • 画像 • 動画 • LIVE対応 • 投票	• 画像（1枚・カルーセル） • 動画 • ストーリーズ • インスタライブ • IGTV	• テキスト • リンク • 画像 • 動画 • ストーリー • LINE LIVE
ハッシュタグ	利用可能だがあまり活用されていない	• 1投稿当たり2〜3個付けるのがよいとされる • 「ハッシュタグ大喜利」のような言葉遊びも見られる	• フィード投稿は1投稿最大30個 • ストーリーズは1投稿最大10個 • 厳選したものを付けるのがよい	利用可能だが、あまり活用されていない
特徴	• 多彩な投稿コンテンツ • ビジネスパーソンや中高年ユーザーが比較的多くフォーマルな雰囲気 • 投稿は頻度より情報の質が重要	• 拡散性が強く「バズ」「炎上」が発生しやすい • 匿名でカジュアルなコミュニケーションが多い • 投稿はタイムリーさが重要	• ユーザーの女性比率・アクティブ率が高め • 拡散性が低く「炎上」は発生しにくい • ハッシュタグフォロー機能 • 投稿には画像動画がほぼ必須	• アクティブ率が高い • ダイレクトメッセージ機能を使うユーザーも多数 • スタンプ、ショップカード、トークなどユニークな機能

図2-5 主要SNSの比較（2020年7月現在）

やりっぱなしはNo！
適切なKPIを設定しよう

KPI（Key Performance Indicator）とは？

　KGIも決めて、ペルソナも決めて、SNSも選んで、ついにマーケティング施策を開始する……、その前に、**KPI**（Key Performance Indicator：重要目標達成の指標）も決めておきましょう。KPIは、目標達成に向けて、その達成状況を定点観測するための指標を指します。

　SNSマーケティングでよく設定されるKGIと、そのKPIとしてよく設定される数値を図2-6にまとめました（詳しい効果測定方法などはChapter 5で解説します）。

KGI （≒SNSマーケティングの目的）	KPI （≒進捗度合いを測るための指標）
認知度向上	ファン数、リーチ数、シェア数など
ブランド好感度／NPS向上	エンゲージメント数、エンゲージメント率など
自社サイトアクセス数の向上	URLクリック数、アプリダウンロード数など
実店舗への来店誘導	クーポン利用率、言及数など
売上向上／LTV向上	クーポン利用率、広告からのコンバージョン、マストバイ商品の導入数など

図2-6 SNSマーケティングのKGIとKPIの組合せ例

具体的な数値目標はどう決める？

　KPIは、「**具体的な数値**」で**設定する**ことが肝心です。そのためか、「何を基準に数値を決めたらいいのかわからない」「上司に、そのKPIの数字の根拠を説明せよと言われ、困っている」といった相談もときどき寄せられます。

　もし皆さんの会社がSNSマーケティングを長期間継続しているのなら、「エンゲージメント率：前年比120％」や「ファン数を前年度の1.5倍に」など、自社の過去データを参考にKPIの具体的数値目標を決めることができます。

　しかし、SNSマーケティングを始めたばかり、これからSNSマーケティングをスタートする、といったケースでは、自社の過去データを使うことはできません。そうした際には定義したペルソナのプロフィールから市場規模を調べて、KPI設定の参考にしてみましょう（総務省統計局による公表データなどが役立ちます）。もしくは、競合他社のアカウント（Facebookの場合はFacebookページ）や投稿のデータ（例：ファン数、反応率など）を参考にします。

　たとえば、図2-7の場合なら、競合4社の1カ月当たりの新規ファン数が平均3,575人であることから、「1カ月当たりの新規ファン数：4,000人、1年で48,000人」を自社のKPIとします。なお、競合他社がSNSをやっていない場合には、業種やターゲットなどが近い別業界の企業や、自社がモデルにしたい企業・団体のページや投稿を参考にしてください。

　そして参考とした企業・団体数社のデータの平均値や中間値を、自社のKPI設定に生かしてみましょう。

企業	ファン数	いいね！数	コメント数	シェア数	反応率
A社	2,500	200	120	35	14.20%
B社	2,300	233	52	49	14.52%
C社	5,000	150	63	62	5.50%
D社	4,500	500	22	41	12.51%
平均	3,575	270.75	64.25	46.75	10.68%

図2-7 一定期間（1カ月）における競合他社のSNSデータを分析

Memo SNS時代の購買行動モデルは群雄割拠

日本で最も有名な購買行動モデルといえば「AIDMA（アイドマ）」でしょう。これは1920年代にサミュエル・ローランド・ホールが著作で示した消費行動の心理プロセスを説明したもので、マーケティング用語として広く知られています。消費行動を促すための広告宣伝を検討する際、消費者が広告に触れてからアクションを起こすまでの一連の心理プロセスを分解したものです。

その後、Web時代の購買行動モデルとしてAISASやAISCEASが誕生しました。その後もDual AISAS、SIPS、DECAXなど、コンテンツマーケティング時代、ソーシャルメディア時代にフィットさせた購買行動モデルが数多く誕生しています。以下に一部を挙げておきますので、興味があればより深く学んでみてはいかがでしょうか。

	特　徴	購買行動
AIDMA	・1920年代に誕生 ・最も有名で基本的な購買行動モデル	Attention（注意）→Interest（興味）→Desire（欲求）→Memory（記憶）→Action（購買）
AISAS	・2005年に電通が商標登録 ・Web時代の購買行動モデル	Attention（注意）→Interest（興味）→Search（検索）→Action（購買）→Share（情報共有）
AISCEAS	・2005年にアンヴィコミュニケーションズが提唱 ・AISASに「比較」「検討」を付加	Attention（認知）→Interest（興味）→Search（検索）→Comparison（比較）→Examination（検討）→Action（購買）→Share（情報共有）

	特　徴	購買行動
Dual AISAS	・2015年に電通が定義 ・購買行動を「買いたいAISAS」と「広めたいAISAS」に分けたモデル	【「買う」目的のAISAS】 Attention（認知）→Interest（興味）→Search（検索）→Action（購買）→Share（共有） 【「広める」目的のAISAS】 Active（起動）→Interest（興味）→Share（共有）→Accept（受容）→Spread（拡散）
SIPS	・2011年に電通「サトナオ・オープン・ラボ」が発表 ・ソーシャルメディアの普及により、「共感」が始点となった購買行動モデル	Sympathize（共感）→Identify（確認）→Participate（参加）→Share & Spread（共有＆拡散）
DECAX	・2015年に電通が提唱 ・コンテンツマーケティング時代の購買行動モデル	Discovery（発見）→Engage（関係）→Check（確認）→Action（購買）→eXperience（体験と共有）
ULSSAS	・ホットリンクが提唱 ・ファネルではなく回る構造	UGC（ユーザー投稿コンテンツ）→Like（いいね！）→Search1（SNS検索）→Search2（Google/Yahoo!検索）→Action（購買）→Spread（拡散）
DRESS	・2019年にけんすう氏が提唱 ・ユーザーが自らの意思で探索し、「発見」することから始まるSNS時代の購買行動モデル	Discovery（発見）→Response（反応、共感）→Experience（体験）→Story（物語化）→Share（共有）

図2-8　購買行動モデルにはさまざまなものがある

SNS戦略の基本「SNS アカウントの運用」を極めよう

「SNSアカウントの運用」お勧めの3ステップ

　企業・団体の公式SNSアカウントの運用を始めることが決まったら、最初に行うのは「STEP 0：SNSアカウントを作成」です。運用するアカウントがなければ何も始まりません。本書ではこのステップについては触れませんので、各SNSのオンラインヘルプやSNSマーケティング支援企業などがWebで公開している情報などを見ながらアカウントを作成してください。

　さて、企業の公式SNSアカウントが無事に作成できたら、次に何をすべきでしょうか。よく目にするのは、「はじめまして。○○株式会社の公式アカウントです。これから皆さんに楽しんでもらえるような投稿をしていきますので、よろしくお願いします！」と、テストを兼ねたと思われる「ごあいさつ投稿」ですが、これではあまりにもテンプレート的すぎて、フォローしたくなる投稿とはいいがたいためお勧めできません。では、最初からバズを狙って「面白い投稿」を次々と行うのでしょうか。詳しくは次ページで解説しますが、投稿を見てくれるファン・フォロワーがほとんどいない段階ではこれも推奨していません。

　皆さんにお勧めするのは、次の3ステップです。

STEP 1 ファン・フォロワーを集める
STEP 2 ファン・フォロワーとの関係を深める
STEP 3 効果を測る

図 2-9 「SNSアカウントの運用」の3 STEP

　STEP 1は何といっても「**ファン・フォロワーを集める**」です。なぜならば、SNSアカウント開設直後のファン・フォロワーは0（ゼロ）。そして、おそらく初期のファン・フォロワーは関係者数名程度だからです。

　このような状態で、皆さんがどんなに有意義で面白い投稿を行ったとしても、本当に読んで欲しいと願うターゲット層に届く可能性は極めて低いのです。ましてや、その投稿がバズる可能性は奇跡に近いでしょう。「SNSにおける投稿は、その投稿者とSNSでつながっているユーザーに伝わる」というSNSの基本的構造を思い出せば納得いただけることと思います。だからこそ、SNSアカウントを開設したらなるべく早く、皆さんの企業のファンや、これからファンになってくれそうな人たちにその旨を知らせ、アカウントのファン・フォロワーになってもらうことが大切なのです。

　詳細は後の章で説明しますが、STEP 2・STEP 3についても簡単に触れておきます。

　STEP 2では、STEP 1の結果集まってくれた**ファン・フォロワーとの関係を深めて**いきます。このSTEP 2が一番重要で、一番難しく、かつ一番楽しいステップだと思います。STEP 1とSTEP 2は両方をグルグルと回し続けていくことが重要です。

　そして、STEP 3は**効果測定**です。月に1回程度はSTEP 1やSTEP 2の成果を振り返り、現在の施策によってKGI・KPIの達成状況は順調かどうかを確認するのです。効果測定の結果をもとに改善策などを講じて、次月以降のSTEP 1やSTEP 2に反映し、よりよい施策をとれるよう改善を続けていきます。

　次章からはそれぞれのステップについて、詳しく解説していきます。

3

ファン・フォロワーを
集めよう

この章からは、SNS 戦略・SNS マーケティング施策のひとつとして
重要かつ人気が高い「SNS アカウントの運用」の具体的手法につい
て、ステップごとに解説していきます。まずは「STEP 1：ファン・
フォロワーを集める」から見ていきましょう。

貴重な資産
「ファン・フォロワー」を集めよう!

ファン・フォロワー数は多いに越したことはない

　それでは、ここからは「SNSアカウントの運用」の「STEP 1：ファン・フォロワーを集める」について解説します。改めて説明しますが、ファン・フォロワーとは、Facebookページに「いいね！」してくれたり、TwitterやInstagramでアカウントを「フォロー」してくれたりして、皆さんの企業・団体とつながったユーザーのことを指します。

　ファン・フォロワーは、皆さんが所属する企業・団体から情報を直接届けられる「**貴重な資産**」といえます。ファン・フォロワーとよい関係を築ければ、会社・ブランドへの好意度や商品・サービスの売上向上につながる可能性もありますので、ファン・フォロワー数は多いに越したことはありません。

　参考までに、Facebook、Twitter、Instagramのファン・フォロワーが多い日本企業の公式SNSアカウントのTOP3を紹介しておきましょう（いずれも2020年7月16日現在）。

SNS	順　位
Facebook	1位：楽天市場（7,215,037） 2位：SHISEIDO（2,708,073） 3位：JAPAN AIRLINES（JAL）（2,006,541）
Twitter	1位：ローソン（5,062,982） 2位：スターバックス コーヒー（4,809,546） 3位：東京ディズニーリゾートPR【公式】（2,833,431）

SNS	順　位
Instagram	1位：スターバックス公式（2,680,265） 2位：TokyoDisneyResort 東京ディズニーリゾート 　　　（2,655,386） 3位：UNIQLO ユニクロ（2,331,050）

※数字はフォロワー数

図 3-1 SNS別ファン・フォロワー数ランキング（コムニコ調べ）

着実に効果が出る！
ファン・フォロワーを集める3つの方法

　図3-1に挙げたランキングの上位には、数百万ものファン・フォロワーを集めている企業アカウントが並んでいますが、どの企業も、はじめは0（ゼロ）からのスタートであることは間違いありません。各企業がファン・フォロワーを増やす施策・努力を重ねてきた結果が、現在の数字に表れているといえるでしょう。

　では、ファン・フォロワーを効率よく増やす方法はあるのでしょうか。投稿が短期間に広く拡散し（バズり）、その結果ファン・フォロワーが激増する……そんなことが思い通りにできれば理想的ですが、あまり現実的とはいえません。しかし、図3-2に挙げた3つの方法を実践すれば、着実にファン・フォロワーを増やすことができます。

　次節からは、この着実に効果が出せる「ファン・フォロワーを集める3つの方法」について詳しく紹介していきます。

図 3-2 ファン・フォロワーを集める3つの方法

ファン・フォロワーを集める方法(1)
自社の資産を活用する

自社資産はたくさんある

　自社のメディア（Webサイト・メールマガジン・広報誌）や**配布物**（名刺・封筒・ノベルティグッズ）などにSNSアカウントのURLやQRコードを記載して、SNSアカウントの存在を知らせたりファン・フォロワーになってもらうよう伝えたりする方法です。

Webサイトやメールマガジン　　　　　　　　封筒・紙袋・ノベルティグッズ

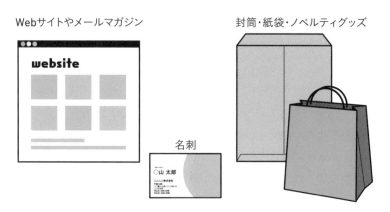

名刺

図 3-3　自社資産の例

　また、会社の資産のひとつともいえる**「従業員」**による**協力**も有効です。会社のSNSアカウントへのリンクを従業員のメールの署名に入れてもらったり、SNSを個人利用している従業員に企業のSNSアカウントやその投稿をシェア・リツイートしてもらったり、「いいね！」してもらったりするのです。

この「自社の資産を活用する」方法は、皆さんの所属する企業・団体のことを元々知っているファン・フォロワーを集めるのに特に効果的な方法です。以下にチェックリストを載せますので、活用してみてください。

自社資産	チェック欄
Webサイト	
メールマガジン	
名刺	
封筒・紙袋・ノベルティグッズなど	
従業員のEメールの署名	
従業員によるSNSでのシェア	
店頭POP・チラシなど	
商品パッケージ	
社内報・社内メールなど（※社内限定）	

図3-4 活用できる自社資産チェックリスト

✎ Memo ▶ ファン集めはまず社内から始めよ！

SNSアカウントを開設した直後は、ファン・フォロワーは当然「0（ゼロ）」です。では、最初にファン・フォロワーになってくれるユーザーはどこにいるのでしょうか。

私は、「まず社内から始めよ」つまり、まず社内にファン・フォロワーを作ることを推奨しています。

自社商品・サービスの大ファンであるはずの従業員すら「いいね！」したいと思わないSNS投稿を、社外のユーザーが「いいね！」したくなるでしょうか。（命令／強制されたからではなく）心から自社のSNSアカウントの投稿を従業員が楽しいと感じ、自発的にファン・フォロワーになりたいと思ってくれるようなSNSアカウントに育てること。盲点になりがちですが、これは大切な視点だと思います。

ファン・フォロワーを集める方法（2）SNS広告を利用する

SNS広告を出稿する

　SNS広告のターゲティング機能を利用すれば、ペルソナに近いユーザーに効率的にアプローチすることが可能です。他にも、低予算から始められる、効果を見ながら日々チューニングが行える点も人気の理由でしょう。

　一方、SNS広告は、友人や家族の投稿になじむ形で表示される「インフィード型」が主流であるため、違和感を覚えさせるほど広告色が強すぎるクリエイティブは避けることが大切です。そのため、たとえばダイキン工業株式会社のFacebook広告のように当時話題だったデータで興味をそそったり、アシックスジャパンのTwitter広告のように縦書きテキストで目を惹いたりと、見た目にも内容にも各社が工夫を凝らしています。認知度の高いブランドでは、たとえばウィルキンソンのInstagram広告のように比較的シンプルなものがターゲット層に好まれるケースもあります。

　SNS広告は、皆さんの企業・団体のことは知っているがSNSアカウントの存在は知らないユーザーや、皆さんの企業・団体のことをまだ知らないユーザー（＝これからファン・お客様になってくれる可能性のあるユーザー）を集めるのに有効です。

　主要SNSごとに、お勧めの広告メニュー例を以下に挙げておきます。

■Facebookの広告メニュー

　自社のFacebookページのファンを増やす、つまり自社Facebookページへの「いいね！」を増やすには「**エンゲージメント広告**」などを利用しましょう。エンゲージメント広告とは、投稿やFacebookページを多くの人

DAIKIN Japan（ダイキン工業株式会社）
広告 🌐

＼気になる電気代を比較／
エアコンの「つけっ放し」と「こまめに入切」の電気代比較実験を動画で公開中！
ダイキン公式ページは、暮らしに役立つ動画やコラムが満載！ぜひフォローして下さい

DAIKIN Japan（ダイキン工業株式会社）
製造業
9,856人が「いいね！」しました　　　👍 いいね！

ダイキン工業株式会社のFacebook広告

アシックスジャパンのTwitter広告

ウィルキンソンのInstagram広告

にアピールして、エンゲージメント（反応）を増やすことができる広告のことです。具体的には、投稿への反応（コメントやシェア）、ページのファンになること（ページへの「いいね！」）、イベントへの出欠確認などが含まれます。

Facebook広告は、次の流れでセットしていきます。

①キャンペーン

マーケティングの目的（＝広告の目的）を1つだけ選びます。

②広告セット

オーディエンス（＝ターゲティング）、広告の掲載場所、予算、掲載期間を設定します。

③広告

広告で配信するクリエイティブを設定します。

Facebook 広告マネージャで、マーケティングの目的として「エンゲージメント」を選択する

■Twitterの広告メニュー

Twitterアカウントのフォロワーを増やすには、**フォロワーを増やす目的の広告**（Twitterのヘルプなどでは「フォロワーキャンペーン」と表記されています）を利用しましょう。

Twitter広告は、次の手順で設定します。

①キャンペーン

 キャンペーン（広告）の支払方法・予算・出稿期間を設定します。

②広告グループ

 ターゲティングや広告に利用するクリエイティブを設定します。

③レビュー

 設定内容を最終確認します。

キャンペーン（広告）の詳細
（支払方法・予算・広告出稿
期間）を設定

■Instagram の広告メニュー

Instagram アカウントのフォロワーを増やすには、「ストーリーズ広告」、「写真広告」、「動画広告」、「発見タブ広告」などで、**広告からのリンク先（URL）をInstagram アカウントのプロフィールページに設定しましょう**（例：https://www.instagram.com/ユーザーネーム）。

Facebook の広告マネージャから、Instagram 広告を出すことが可能です。

Facebook 広告マネージャで、
マーケティングの目的として
「ブランドの認知度アップ」を
選択する

Facebook 広告マ
ネージャで、広告
の「配置」として
Instagram を選択
する

Instagram広告では、「フォローする」のように、ワンクリックで
Instagramアカウントのフォローを可能にするCTA（Call To Action）を
付けることはできません。Instagram広告でできるのは、「Instagram アカ
ウントのプロフィールページに誘導する」ところまでです。その後、ユー
ザーが「フォローする」ボタンをタップしてくれるかどうかは、**アカウン
トのプロフィールページの出来にかかっている**といえるでしょう。広告を
出す前に、プロフィールの内容やフィード投稿の内容を整えておきましょ
う。

　また、広告の配置場所によって、画像・動画の推奨サイズが異なる点に
も注意が必要です。詳しくはオンラインヘルプなどで確認しましょう。

ファン・フォロワーを集める方法(3) プレゼントキャンペーンを行う

プレゼントキャンペーン実施の流れ

　Twitter や Instagram において、アカウントをフォローしてもらうことなどを参加条件とした**プレゼントキャンペーンを行う方法**です。たとえば、ヘアレシピのキャンペーンは、クイズ要素を含むことでフォロワーに楽しんで参加してもらえる工夫をしています。また、コカ・コーラのキャンペーンは直感で答えられる参加ハードルが低いものとなっており、多くの参加者を集めることに成功している例です。

ヘアレシピの Twitter での
キャンペーン例

コカ・コーラの Instagram でのキャンペーン例

　プレゼントキャンペーンは、皆さんの企業・団体のことは知っているがSNSアカウントの存在は知らないユーザーや、皆さんの企業・団体のことをまだ知らないユーザー（＝これからファン・お客様になってくれる可能

性のあるユーザー）を集めるのに有効とされます。プレゼントキャンペーンを行う際には、前述の「SNS広告」もあわせて実施するのが効果的です。

　なお、Facebookでは、Facebookページのファンになることを参加条件としたプレゼントキャンペーンが禁止されているので注意しましょう。

　以下より、TwitterとInstagramにおけるプレゼントキャンペーンの例を紹介します。

■Twitterでのプレゼントキャンペーン

　フォロワーを増やす目的でよく行われているのは、「Twitterアカウントをフォロー＆特定のツイート（投稿）をリツイート」や「Twitterアカウントをフォロー＆指定したハッシュタグを付けてツイート」を参加条件とするキャンペーンです。キャンペーン実施において企業が行うべき作業の流れを以下に簡単に記載しておきます。

　　①応募者のうち、参加条件をすべて満たしているユーザーをリスト
　　　アップ
　　②抽選などで当選者を選出
　　③当選者にダイレクトメッセージで当選通知を送付。賞品送付が必要
　　　な際は、別途用意した送付先入力フォームのURLもあわせて案内
　　④当選者が入力した送付先に賞品を発送

　なお、Twitterでは、応募するとすぐ当落結果がわかる**インスタントウィン（即時抽選）を使ったキャンペーン**が人気を博しています。

　ユーザーは、次のようなシンプルな方法でプレゼントキャンペーンに応募することが可能です。

　　①公式アカウントをフォローする
　　②指定されたアクションを実施する（例：指定のツイートをリツイー
　　　ト）

③コメント返信やダイレクトメッセージにて当落結果が即座に通知される

| ① 公式アカウントをフォローする | ② 指定のツイートをリツイート | ③ 自動でユーザーに当落を通知 |

図3-5　インスタントウィンキャンペーンの仕組み

インスタントウィンキャンペーンが人気の理由はいろいろありますが、参加するユーザーにも実施企業にもメリットがあることが大きいでしょう。

ユーザーのメリット	・当落の結果がすぐわかる ・気軽に参加できる（心理的ハードルが低い） ・ゲーム性があって楽しい
実施企業のメリット	・参加してくれるユーザーが多い ・抽選や当落通知を自動化できる ・参加者が増えることでハッシュタグがTwitterトレンド入りのチャンスも

図3-6　インスタントウィンキャンペーンのメリット

■Instagram でのプレゼントキャンペーン

　フォロワーを増やす目的でよく行われているのは、「Instagram アカウントをフォロー＆特定の投稿に『いいね！』」や「Instagram アカウントをフォロー＆指定したハッシュタグを付けて投稿」を参加条件とするキャンペーンです。実施の流れは Twitter キャンペーンと同じです。

賞品（インセンティブ）選びが
キャンペーンの成否を決める！

　プレゼントキャンペーンの成否を決めるポイントのひとつは、**賞品（インセンティブ）**です。「自社のファンなら欲しいと思うもの」で「できれば知名度が高いもの」を賞品に選ぶとよいでしょう。たとえば、外食業であれば、「自社店舗でのみ利用可能なお食事券」、お菓子メーカーであれば、「人気商品の当選者限定フレーバー」などがよい例です。

　もし「万人が欲しいと思うもの」（例：現金、旅行券、商品券、海外旅行など）を賞品にした場合には、「単に賞品目当てのユーザー（懸賞ハンター）」が多数応募してくる可能性があります。応募数が増える＝ファン・フォロワー数が増える、ということですから、一見何の問題もなさそうですが、懸賞ハンターは「そもそも賞品目当てであり、必ずしも皆さんの会社のファンではない」という落とし穴があります。せっかく予算をかけてプレゼントキャンペーンを行ったとしても、懸賞ハンターを多く集めてしまうと、「キャンペーン終了後、アカウントのフォローをはずしてしまう」「キャンペーン終了後、投稿に一切反応しない幽霊フォロワーになってしまう」といった問題が起きることが予想されます。

　プレゼントキャンペーンを企画する際には、本当に集めたい「ファン・フォロワー」にとって魅力的な賞品選びにぜひ力を注いでください。

応募者のリストアップから抽選作業、当選通知など、プレゼントキャンペーン実施には多くの時間と手間がかかります。また、Twitter のインスタントウィンキャンペーンを実施するには、自動リプライや自動抽選などの仕組みを Twitter の API を使って開発する必要があります。

こうした SNS キャンペーン実施に必要な作業を効率化するためには、「**SNS キャンペーンツール**」の導入がお勧めです。ツールを導入することで、事務作業を軽減できるだけでなく、キャンペーン企画立案や効果測定などに時間をあてることが可能です。以下に SNS キャンペーンツールの一例を挙げておきますので参考にしてください。

ツール	提供会社	URL
ATELU	株式会社コムニコ	https://products.comnico.jp/atelu/jp
Beluga キャンペーン	ユニークビジョン株式会社	https://bc.uniquevision.co.jp/
echoes	アライドアーキテクツ株式会社	https://service.aainc.co.jp/product/echoes/
giftee インスタントウィン for Twitter	株式会社ギフティ	https://giftee.biz/purposes/twitter/

図 3-7 代表的な SNS キャンペーンツール

> Chapter **4**

ファン・フォロワーとの関係を深めよう

Chapter 3 に続き、Chapter 4 では「SNS アカウントの運用」手法の
STEP 2 として、「ファン・フォロワーとの関係を深める方法」を具体
的に解説していきます。自社の SNS アカウントのファン・フォロワー
になってくれたユーザーと良好な関係を深めるには、いくつかの手法
があります。それらを具体的に見ていきます。

ファン・フォロワーに喜ばれる・共感されるコンテンツを投稿しよう!

ファン・フォロワーに喜ばれる・共感される コンテンツは 2 つに分けられる

　ファン・フォロワーとの関係を深める目的で最も使われているのが、「ファン・フォロワーに喜ばれる・共感されるコンテンツを投稿する」方法です。

　ファン・フォロワーに喜ばれる・共感されるコンテンツは、大きく次の2種類に分けることができます。

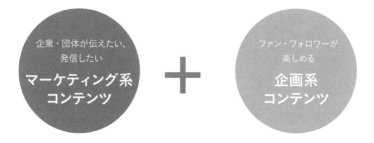

企業・団体が伝えたい、発信したい
マーケティング系コンテンツ

＋

ファン・フォロワーが楽しめる
企画系コンテンツ

- 会社情報
（社史・従業員紹介・ユニークな社内制度など）
- 商品情報
（新商品、特徴など）
- キャンペーン・イベント情報

- 時節投稿
- 記念日投稿
- あいさつ投稿
- キャラクター投稿
- トレンドワード
- トリビア／豆知識
- クイズ／アンケート

✕

会社情報
商品情報
サービス
キャンペーン

図4-1　ファン・フォロワーに喜ばれる・共感されるコンテンツ

　ひとつは、皆さんの企業・団体が伝えたい、発信したい「**マーケティング系コンテンツ**」です。たとえば、次のような例が挙げられます。

- 会社情報（社史、従業員／店舗紹介、社内制度など）
- 商品情報（新商品、特徴、優位性など）
- キャンペーン、セール、イベント情報など

　皆さんの企業・団体のWebサイトの「新着情報」に掲載するような情報も、「マーケティング系コンテンツ」といえるでしょう。たとえばSNS運用支援ツール「コムニコ マーケティングスイート」の公式Twitterアカウントでは、新機能追加や機能リニューアルのお知らせを発信しています。

マーケティング系コンテンツの例
出典：コムニコ マーケティングスイートのTwitterアカウント
URL https://twitter.com/cmsJP/status/1168690148290125824

　そしてもうひとつが、ファン・フォロワーが楽しめる「**企画系コンテンツ**」です。たとえば、以下は「エープリルフール」に「目に見えない料理

のレシピ」を紹介した事例です。ファン・フォロワーからは「面白い」「作ってみました」など好意的な反応が寄せられています。

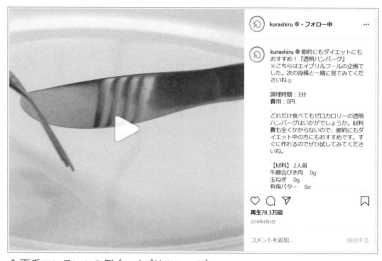

企画系コンテンツの例（エイプリルフール）
出典：kurashiru［クラシル］のInstagramアカウント
URL https://www.instagram.com/p/BvrU_-tAijp/?utm_source=ig_embed

　企画系コンテンツには、次に挙げるようなパターンが存在します。

● **時節投稿**

　年末年始・お花見・夏休み・紅葉・クリスマスなど、季節感あふれるコンテンツは、ファン・フォロワーの興味・関心を集める傾向があります。

● **記念日投稿**

　1年365日、毎日が何かしらの記念日です。「○○の日」や「○○記念日」をテーマにしたコンテンツは、タイムリーで関心を集めます。記念日は有名なものに限りません。新しい記念日や知名度の低い記念日であっても、「知らなかった！」「新しい！」というポジティブな感情・共感を得る可能性があるでしょう。

- あいさつ投稿

「おはようございます」「よい週末を」「あけましておめでとうございます」などのあいさつを含むコンテンツは、ファン・フォロワーに親しみを感じさせ、心の距離を縮めることができます。

- キャラクター投稿

自社のキャラクターによるSNS投稿というスタイルをとったり、かわいい動物（例：子猫、子犬、パンダ）を取り扱ったりするコンテンツは、ファン・フォロワーを楽しませることができます。また、若年層や女性など、新たなファン・フォロワーを獲得するフックにもなり得ます。

- トレンドワード

Twitterで話題に挙がっている言葉やハッシュタグ、世間で話題になっているポジティブなニュースなどをテーマに使ったコンテンツは、多くのユーザーによる「検索」でもヒットして発見される可能性があります。もちろんタイムリーなトレンドワードはファン・フォロワーの関心を集め楽しませることができるでしょう。

- トリビア／豆知識

「従業員しか知らない○○の意外な使い方」や、「ロゴの由来」といった雑学知識など、ファン・フォロワーにとって有意義な情報や、「他の人にも教えたい！」と思わせるコンテンツは、喜ばれる上に、シェア・リツイートもされやすい傾向があります。

- クイズ／アンケート

選択式の問い掛けやフリーコメントを募る問い掛けなどは、ファン・フォロワーからの反応を引き出す可能性があります。中でも、「今日のお昼は何を食べましたか」や「今あなたが飲みたいのはA（ビール）・B（コーラ）のどっち？」のように、考えることなく直感的に答えられる内容や、スマ

ホからでも簡単に回答できる内容であればより多くの回答を得られるでしょう。

「企画系コンテンツ」を投稿する際には、前述のようなテーマ（ネタ）だけでコンテンツを構成するのではなく、必ず「**企業名**」「**ブランド**」「**商品**」「**サービス**」などとからめてコンテンツを完成させることが大切です。面白おかしい内容だけのコンテンツでは、たとえバズったとしても一過性のものに終わったり、せっかく多くのユーザーの目に触れる機会を得たにもかかわらず、企業名や商品名、サービス名がまったく印象に残らなかったりすることがあります。

✕ 避けたいコンテンツ例（「ネタ（あいさつ・記念日）」のみ）

皆さんこんにちは！今日は「ちらし寿司の日」なので、お昼は割引シールが貼られたお寿司を食べました！（ちらしじゃなくて握りでしたが）お得で、おいしかったです。午後も元気にがんばりましょう。

○親しみやすい
○おいしそう
○安い
○「ちらし寿司の日」なのか

△…だから何？
△これ、どこの会社の公式アカウントだっけ？

○ よいコンテンツ例（「ネタ」×「会社情報」で構成）

皆さんこんにちは！高知出張中の○○です！今日は「#和食の日」なので、当社高知オフィス隣の和食屋さんでランチしてきました。焼き魚定食は副菜もたくさん付いて900円！美味！

※おいしいランチが毎日食べられるかも？現在、高知オフィスで一緒に働く仲間を募集中です。詳しくはこちら→http:xxx.xxx

○親しみやすい
○おいしそう
○安い
○「和食の日」なのか

○高知にもオフィスがあるのか
○高知は環境がよさそうだ
○高知で今人材募集中なのか

図4-2 コンテンツのよい例・悪い例

また、バズを狙ったりトレンドを意識しすぎたりした結果、(エープリル
フール以外に)虚偽の内容を含んでいる、公序良俗に反している、不謹慎
なコンテンツになっている、といったことがないようにしましょう。こう
した投稿は当然ながら炎上のリスクがありますし、最悪の場合には企業の
社会的信用が失墜しかねません。

ファン・フォロワーに喜ばれる・
共感されるために必要な要素

「マーケティング系コンテンツ」「企画系コンテンツ」のいずれでも、ファ
ン・フォロワーに喜ばれる・共感されるには、次に挙げる要素が少なくと
も1つは含まれている必要があります。できれば複数含まれていることが
望ましいです。

■タイムリーである

- 投稿日に合わせたテーマ(記念日、季節ネタ)や、時間帯に合わせ
  たあいさつなどが含まれている
- 世の中やSNSで話題になっているテーマが含まれている

■参加型である

- ファン・フォロワーが気軽に回答したくなるようなクイズやアン
  ケートなどの「問い掛け」が含まれている
- 「間違い探し」「クロスワードパズル」「迷路」など、遊べる要素が含
  まれている

■親しみやすい

- キャラクターやかわいい動物の画像を使っている
- 「こんにちは」「よい週末を」など、ファン・フォロワーへのあいさ
  つが含まれる

- キャラクターの口調や親しげな文体で書かれている

■共感できる

- 「おいしそう」「かわいい」「かっこいい」「懐かしい」「すごい」「感動した」「驚いた」「知らなかった」などのポジティブな感情を呼び起こす内容が含まれている

■役に立つ

- 周囲に教えたくなる内容（豆知識・意外な使い方／食べ方・コツなど）が含まれている
- 「やってみた」「比較」などの体験レポート的内容が含まれている

> **✎ Memo** 「マーケティング系コンテンツ」と
> 「企画系コンテンツ」の割合は？
>
> 「SNSに投稿するのは、企画系コンテンツのような面白ネタだけでよいのでは？」という疑問を持つ方もいるかもしれませんが、結論からいえば「マーケティング系コンテンツ」も投稿したほうがよいでしょう。もし、SNSでは面白おかしい情報しか発信されず、企業・団体の「最新情報」や「ニュース」を知るには都度ホームページやメールを確認しなくてはならないとしたら、最新情報を入手したくてファン・フォロワーになってくれたユーザーにとって、非常に不便かつ不親切な状況といえるのではないでしょうか。
>
> では、「マーケティング系コンテンツ」と「企画系コンテンツ」のベストな割合はどのくらいでしょうか。この問いについて明確な正解はありません。次に挙げるような要素が影響を与えるため、文字通り「ケース・バイ・ケース」といえるでしょう。いろいろなパターンを試して、皆さんの企業にとっての「正解」を見つけていただければと思います。
>
> - SNSの種類（例：Twitterなら企画系コンテンツが6〜8割、Facebookならマーケティング系コンテンツが8割など）
> - ターゲット層（例：若年層中心なら企画系コンテンツ多めなど）
> - 目的／ゴール（例：ブランディング・ニュース発信が目的→マーケティング系コンテンツ中心、ファンとのコミュニケーションが目的→企画系コンテンツ中心など）

お勧めのコンテンツ(投稿案)作成手順

　投稿案を作る作業は本来とても楽しいものですが、多忙な日々においては「SNSアカウントの運用に関する業務」はつい後回しにされがちで、気付けば何日も投稿することなく、最終的にはフェードアウト、というケースも少なくありません。

　定期的に、良質のコンテンツ投稿を継続するためには、**翌月や翌々月の投稿案をあらかじめ作っておき、さらに可能であれば投稿予約まで完了しておく**のが理想です。以下から、コンテンツ作成の流れを説明します。

STEP 1 　コンテンツカレンダーを準備する

　投稿アイデア〜下書き〜投稿案確定、投稿スケジュール管理まで、あらゆるフェーズにおけるSNS投稿コンテンツを管理するのにお勧めなのが**「コンテンツカレンダー」**です。「コンテンツカレンダー」は、「投稿カレンダー」、「原稿表」などと呼ばれることもあります。

　コンテンツカレンダーのフォーマットは、ExcelやGoogleスプレッドシートを使って作るのが便利ですが、他のツールを使っても問題ありません。コンテンツカレンダーには、次のような項目を含めます。

- 投稿日
- 投稿時間（ペルソナがオンラインになる時間帯、SNSを見ていることが多い時間帯）
- ターゲット（どんな年代、性別、属性のファンに向けたものかなど）
- 投稿テーマ
- 投稿形式（1枚画像、複数枚画像、動画、投票機能、ストーリーズなど）
- 投稿原稿（ハッシュタグやURLなども含む）
- 投稿画像（または動画）
- 備考（担当者間で共有しておきたい事柄、自分のための備忘メモなど）

20XX年8月コンテンツカレンダー

日	曜日	時刻	ターゲット	投稿テーマ	投稿形式 (リストから選択)	投稿原稿（案）	文字数	投稿画像（案）	備考（割い事など）
1	土	11:00	20-30代 社会人	アンケート （夏休みの過ごし方）	1枚画像	もうすぐ夏季休暇というみなさん、今年はどう過ごす予定ですか？ A.リゾートでのんびり B.南半球の雪山でスノボ C.お家でゴロゴロ	65		
2	日	8:00	20-30代 社会人	ハーブの日	1枚画像	#ハーブの日 の今日は、暑い日も爽やかに過ごせるアロマオイルの使い方をご紹介。 ペパーミントのオイルを2,3滴ハンカチに垂らしておけば、いつでも清涼感が楽しめますよ+	83		
3	月	12:00	全体	創業記念日	その他	【いつもありがとうございます】 本日（8月3日）は、当社の10回目の創業記念日です。多くのお客様に支えられ、この日を迎えることができました。本当にありがとうございます。創立10周年を記念して…	98	（リンク投稿）	

図 4-3 コンテンツカレンダーの例

　毎月コンテンツカレンダーを作って管理・活用することで、次のようなメリットが得られます。

- SNS運用担当者が複数いる場合、情報共有やクオリティチェックがしやすい
- あらかじめ投稿スケジュールをしっかり決めて、事前予約などを進めることができるので、（自転車操業ではなく）計画的なSNS投稿が可能になる
- 「必ずSNS投稿すべき日」（例：ニュースリリース配信日、創立記念日、新商品発売日、自社商品と相性がいい記念日 など）を把握することで、投稿のし忘れを防ぐことができる
- 「SNS投稿を避けるべき日（炎上危険日）」（例：過去に大きな災害や事件、戦争などが発生した日。日本人の多くが悲しい記憶を呼び起こされる日。1/17・3/11・8/6・8/9・8/15など）を事前に把握しておくことで、うっかり投稿することによる炎上リスクを減らすことができる

STEP 2 ブレインストーミング／編集会議を行い、コンテンツカレンダーを埋めていく

投稿予定日の1〜2カ月前から準備を始めていきましょう。

①当該月の「必ずSNS投稿すべき日」「SNS投稿を避けるべき日」を記入する

②①以外でSNS投稿を行う日・テーマなどを決める

③②で決めたテーマをもとに、ライティングに必要な詳細情報を収集する・投稿用画像（動画）を準備する

④文字数／ハッシュタグ／そのアカウントのトーン＆マナーなどにも気を付けながら、投稿案を作成する

　SNS投稿を行う日・テーマなどを決めるときに、複数名での「編集会議」や「ブレインストーミング」を行うケースも多いです。効率よく話し合いを進めるためには、事前にコンテンツカレンダーを共有し、会議までにそれぞれがアイデアを考え持ち寄るようにしましょう。

　「その月に予定されている国内外イベント」や「その月の記念日」などは、検索して効率よくネタを集めましょう。ネタ探しに役立つサイト／アプリをいくつか紹介しておきます。

サイト／アプリ	URL
Twitterモーメントカレンダー	https://business.twitter.com/ja/resources/twitter-marketing-calendar.html
内閣府「『国民の祝日』について」	https://www8.cao.go.jp/chosei/shukujitsu/gaiyou.html
PR CALENDARアプリ	https://prcalendar.jp
なるほど統計学園「今日は何の日？」	https://www.stat.go.jp/naruhodo/c3day.html

図4-4 ネタ探しに役立つサイト／アプリ

⑤コンテンツのWチェックを行う（校正・校閲）

　コンテンツが作成できたら、入念なWチェックで間違いをなくしトラブルを防ぎましょう。できれば、ライティングした人とは別のメンバー、可能なら年齢や性別などの属性が異なる人にチェックしてもらいましょう。なお、Wチェックするコンテンツ案は紙にプリントアウトし、落ち着いた環境で行いましょう。まずは一文字一文字をチェック（校正）。次に「厳しい読者になったつもりで」内容をじっくりチェック（校閲）しましょう。以下に、簡易版チェックリストを載せましたので、参考にしてください（なお、Chapter 7の04ではさらに詳しく解説しています）。

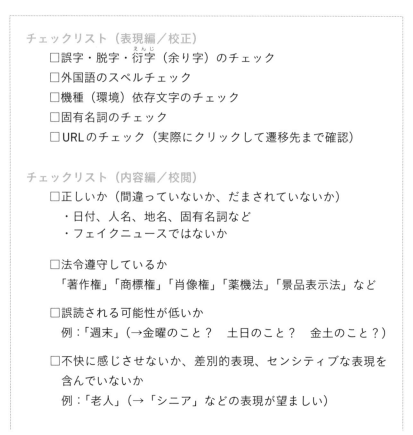

チェックリスト（表現編／校正）
　□誤字・脱字・衍字（余り字）のチェック
　□外国語のスペルチェック
　□機種（環境）依存文字のチェック
　□固有名詞のチェック
　□URLのチェック（実際にクリックして遷移先まで確認）

チェックリスト（内容編／校閲）
　□正しいか（間違っていないか、だまされていないか）
　　・日付、人名、地名、固有名詞など
　　・フェイクニュースではないか

　□法令遵守しているか
　　「著作権」「商標権」「肖像権」「薬機法」「景品表示法」など

　□誤読される可能性が低いか
　　例：「週末」（→金曜のこと？　土日のこと？　金土のこと？）

　□不快に感じさせないか、差別的表現、センシティブな表現を
　　含んでいないか
　　例：「老人」（→「シニア」などの表現が望ましい）

□炎上しやすいトピックを含んでいないか

SNSエキスパート協会が定めている炎上しやすいトピック
「炎上さしすせそ」を含んでいないか

さ：災害・差別

し：思想・宗教

す：スパム・スポーツ・スキャンダル

せ：政治・セクシャル（含LGBT・ジェンダーなど）

そ：操作ミス（誤投稿／誤爆）

図4-5 簡易版チェックリスト

⑥投稿予約／投稿

ダブルチェック、（必要に合わせ）社内承認などが完了したら、確定した
投稿案を用いて実際の投稿に移ります。投稿予約ができるSNSでは、投稿
予約をしておくのがよいでしょう。

投稿予約の際もミスは許されません。「投稿に使う公式アカウントを間違
えていないか」「投稿予約日時を間違えていないか」など、しっかり確認し
ながら予約作業を進め、さらに別のメンバーにWチェックしてもらいま
しょう。

次に挙げるようなSNS投稿予約ができる運用支援ツールを使って、業務
の効率化を図るのもお勧めです。

ツール名	URL
コムニコ マーケティング スイート	https://products.comnico.jp/cms/jp
Engage Manager	https://engagemanager.tribalmedia.co.jp/
Social Insight	https://sns.userlocal.jp/
Sprinklr	https://www.sprinklr.com/ja/

図4-6 代表的なSNS投稿予約ができる運用支援ツール

投稿ネタに困ったときに見るリスト

　ほぼ毎日のようにSNS投稿を行う場合などは、投稿ネタが尽きてしまうこともあるでしょう。そんなときには次のリストを使ってみてください。

● 自社Webサイト「新着情報」にヒントあり
　「新商品情報」「商品・サービスの特徴、優位性」「キャンペーン情報」など、自社サイトなどでも当然掲載するような内容は、SNSでもタイムリーに案内しましょう。まだSNSで紹介していない情報はありませんか。

● 社内に眠る写真・テキスト・動画素材
　創業から年数の経った会社であれば、その「歴史」そのものが貴重なネタになります。社史や昔の商品カタログ、ポスター、パッケージ、広告、当時の社内や工場の様子がわかる写真などはありませんか。

● 従業員もネタの宝庫
　全国の支社／営業所の従業員に「ご当地ネタ」を提供してもらいましょう。休暇や出張に出掛ける従業員には、自社商品・パッケージ・キャラクター人形などを渡し、現地で写真を撮ってきてもらいましょう。

● ファン・フォロワーの興味・関心をネタに
　自社・商品・サービスについて、ファン・フォロワーが持っている「関心事」「疑問」「要望」などを調べて、それをネタにしましょう。営業担当者・コールセンター・店舗スタッフ・委託販売店スタッフなどにヒアリングして情報収集しましょう。

● 困ったときはオリジナル「○○の日」
　ネタに使えそうな記念日がなければ、自社独自の記念日を作るのもひと

つのやり方です。創立記念日はもちろん、ベストセラー商品やロングセラー商品の発売日を「誕生日」としてネタに使うのもよいでしょう。とにかくハッピーでポジティブな印象を与える記念日に、自社商品・サービスをからめた投稿案を考えてみましょう。

● **商品／サービスと関連ある時事ネタを探す**
　日頃からニュースやトレンドに対する情報感度を高めておき、「世の中の関心が高いグッドニュース」をいち早く見つけ、自社商品・サービスとからめた投稿案を考えてみましょう。

● **「社内の常識 ＝（よい意味で）世間の非常識」を探す**
　従業員にとっては当たり前の情報が、意外によいネタになることがあります。社名／商品名／ロゴマークの由来、「会社創立日が○年○月○日である理由」や「人気商品開発のきっかけ」「従業員は皆知っている○○の意外な使い方／食べ方／飲み方」などはありませんか。

　面白いコンテンツを作るには、**良質で大量の情報インプットが不可欠**です。ぜひ、日頃から面白い情報・トレンドを積極的に吸収するようにしましょう。情報は広く、偏りなくインプットするのが大切です。以下に挙げた例のように、インターネットに限らず広い分野からの情報収集をぜひ心がけてみてください。

- インターネット上のニュースサイト、まとめサイト
- テレビ番組（情報番組、クイズ番組など）
- ファン・フォロワーが読みそうな雑誌や書籍、ベストセラー
- 「話題のもの（スポット、イベント、料理、グッズ、スポーツなど）を試してみる」好奇心の強さとフットワークの軽さ

ファン・フォロワーとの関係を深めよう

ファン・フォロワーに「いいね！」 「コメント」「フォロー」を返そう！

「コメントやメッセージへの対応」によって 得られる効果

　続いて紹介するファン・フォロワーとの関係を深める手法は、「**コメント やメッセージへの対応**」です。特に以下を目的・ゴールとしてSNS活用を 行う場合にはお勧めの手法です。

- ブランドへの好意度・親近感向上
- 潜在的ファン→ファン→ロイヤリティの高いファンへの育成
- ファンやフォロワーからの反応（エンゲージメント）増加
- ファンやフォロワーの満足度向上

　コメントやメッセージへの返信やフォロー返しは、時間と労力がかかる 作業です。現在の運用体制のままで継続して実施できるか否か、**事前に作 業見積りを立てましょう**。必要に応じて担当者を増やしたり、外部業者に 委託したりしてリソースを確保することも大切です。

大切なのは「一貫した誠実な対応」

　まずは「いいね！」「コメント」「フォロー」返しの**ルール・方針をしっ かりと固め**、どんなときもそれがぶれないように気を付けましょう。ある ファンからのコメントには返信しながら、別のファンからの似たようなコ メントは無視するような対応をしてしまうと、「あのユーザーには返信して

いるのに、なぜ自分には返信してくれないんだ」というネガティブな感情を引き起こし、それをきっかけにクレームや荒らし、炎上につながる危険性もあります。以下に、ルール・方針の例を挙げておきます。

- ファン／フォロワー対応方針
  —コメントへの返信（個別にする、まとめてする、しない）
  —ダイレクトメッセージへの返信（する、しない）
  —コメントへの「いいね！」（する、しない）
  —フォロー返し（する、しない）
- コメント・メッセージの確認タイミング：毎週（月）（水）（金）13時
- 1日に対応する最大件数：100件まで
- コメント返信の具体的ルール
  —好意的なコメント → お礼を返信する
  —中立的な感想など → コメントに「いいね！」
  —質問や要望 → 必要であれば関係部署に確認して回答を返信
  —批判やクレームなど → 関係部署と対応を協議して回答を返信
  （必要に応じて電話やダイレクトメッセージなどで詳細を聞き出し個別に対応する）
  —いたずら、荒らしと思われるコメント → 非表示（削除）対応

　また、ファン・フォロワーとコミュニケーションをとる際には、次の点に注意してください。

■「文字（テキスト）は誤解されやすい」と心得る
　顔の見えない相手と文字だけでやりとりする際には、「感情（気持ち）」が伝わりにくく、微妙なニュアンスを伝えきれずに誤解が生じることがよくあります。トラブル防止のためにも、「誤読されにくい文章」「誰が読んでも1つの意味にしかとれない文章」でコミュニケーションをとるよう努めましょう。

■相手のことを理解したコメント返信が関係性を深める

　コメントやメッセージに返信する際は、それをくれたファンやフォロワーについて出来る限り理解を深めた上で返信するようにしましょう。たとえば、次のことに目を通すだけでも、さまざまな情報が得られるはずです。

- 同じファン・フォロワーから以前寄せられたコメントやメッセージと、こちらからの返信への反応
- SNS上のプロフィール、過去の投稿など

　相手は「過去に何度もコメントしてくれている、熱狂的なブランドファン」かもしれませんし、「これまで他社商品を使っていたが、最近あなたの会社の商品に乗り換えようと考えているファン」かもしれません。テンプレート通りの返信ではなく、それぞれのファンの属性や過去の言動なども考慮して返信することで、ファンを喜ばせ、関係性をより深めることにつながるでしょう。

■ネガティブコメント・メッセージへの返信は「落ち着いて」「急ぐ」

　こちらに非があり謝罪が必要なコメントやメッセージの場合、返信を含む各種対応は早急に行うことが肝要です。返信内容は、「おわびの言葉」＋「経緯について報告」＋「再発防止策の提示」という構成で作成するとよいでしょう。

　たとえ、理不尽な内容、きつい口調でのクレーム、批判、誹謗中傷などのコメントやメッセージが寄せられたとしても、決して慌てたり感情的になったりしないようにしましょう。人を傷つけるような棘のある言葉は、決してSNS担当者に向けられたものではありません。すべて自分自身で受け止めて深く傷ついたり怒りに震えたりしないように、ましてや、感情的な内容で返信したりしないように気を付けましょう。

例文

　○月○日に当アカウントが行いました投稿に誤りがございました。以下の通り修正させていただくとともに、ご迷惑をおかけしましたことを深くおわび申し上げます。

　（誤）画像はレインボーブリッジ
　（正）画像はベイブリッジ

　このたびの誤りは、担当者が画像の真偽確認を怠り、弊社内でダブルチェックをすることなく投稿したことが原因です。今後は必ず画像についても真偽確認し、必ず社内のダブルチェック完了後に投稿するフローに修正し、再発防止に努めて参ります。

■「コメント返信しない」ケースもあってよい

　ここまで、コメントやメッセージに返信する際のポイントを解説してきましたが、「コメントやメッセージへの返信はしない」という方針の企業もあるでしょう。そのような場合、トラブル防止のため、その旨をSNSプロフィールや「社外向けガイドライン」に明記してWebサイトに掲示しておきましょう。

　また、「コメントへの返信は難しいが『いいね！』を付けることならできる」のであれば、ぜひ実施しましょう。「いいね！」を付けることで、「あなたのコメントをちゃんと読んでいますよ。コメントありがとうございます」という暗黙的なメッセージを伝えることができます。

　また、コメント・メッセージをくれたユーザーの素性によっては、あえてスルーする選択肢もあります。プロフィールや過去の投稿をしっかり確認し、からんで問題のないユーザーかどうか見極めるようにしましょう。

ファン・フォロワーに積極的に話しかけて、疑問や不満を解消しよう！

企業のほうから能動的にファン・フォロワーに話しかける手法

　前節で説明した「いいね！」「コメント」「フォロー」返しは、ファン・フォロワーからのアクションありきでしたが、企業のほうから能動的にファン・フォロワーに働きかける手法が「**アクティブサポート**」です。

　アクティブサポートは、SNS、中でもTwitterを活用したカスタマーサポートのひとつです。自社の商品やサービスに対する疑問や不安、要望、不満を発言しているユーザーを見つけ出し、企業のSNSアカウントから能動的に話しかけ、直接会話をすることで問題解決を図ります。

　たとえば、アスクルお客様サービスデスクのTwitterアカウントでは、アスクルの配送会社のサービスについて不満をつぶやいているユーザーを検索で見つけ、「日頃のお礼」「不便をかけていることへのおわび」「いただいた声をサービス向上の参考にする旨」を直接伝えています。

アスクルお客様サービスデスクのTwitterアカウントでは、ユーザーの不満の声に返信をしている

このやり方は難易度が高く、時間も手間もかかりますが、SNSマーケティングにおいて重要な「ファンとの関係を深める」「ファンを集める」のに効果的な手法のひとつといえるでしょう。アクティブサポートのやりとりは蓄積することで貴重な情報資産となります。社内に還元し、今後の商品・サービスの改善や顧客満足度向上施策の参考にしましょう。

ただし、商品・サービスをやたらと売りこんだり、雛形をコピペして画一的なやりとりに終始したり、ピント外れな対応をしたりすると、せっかくのアクティブサポートが逆効果になりかねませんので十分注意しましょう。

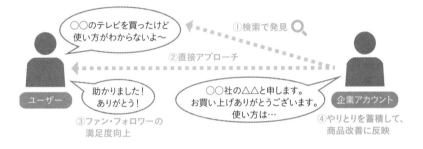

図4-7 アクティブサポートでファン・フォロワーに話しかける

以下に、Twitterでアクティブサポートを行っている企業の一例を挙げておきます。ユーザーに呼びかけるタイミングや相手に合わせた距離の取り方、相手の立場を考えた真摯なやりとりなど、ぜひ参考にしてみてください。

企業名	アカウント
東急ハンズ	https://twitter.com/TokyuHands
マイクロソフトサポート	https://twitter.com/MSHelpsJP
アスクルお客様サービスデスク	https://twitter.com/askul_cr/
ソフトバンクカスタマーサービス担当	https://twitter.com/SBCare

図4-8 アクティブサポートを行っているTwitterアカウントの例

ファン・フォロワーの
「生の声」を分析しよう!

ソーシャルリスニングでファン・フォロワーの「生の声」を聞く

　本章で最後に紹介する手法が「ソーシャルリスニング」です。コンテンツ投稿やアクティブサポートのように公開されるわけではなく、むしろ秘密裡に行われるケースが多いため、他社の実施状況は見えません。しかしながら、その有効性から、ソーシャルリスニングへの注目は年々高まっているといえるでしょう。

　ソーシャルリスニングは「傾聴」と訳されます。SNSをはじめ、ブログや掲示板などで、ユーザーが自社や商品・サービスに対してどんな投稿や発言をしているのかを探る活動です。発言内容を収集・分析するだけでなく、ユーザーのプロフィールをチェックしたり、リスクモニタリングやユーザーサポートに活用したりすることができます。

　企業に直接伝えることを意図していないユーザーの投稿・コメントは、いわば「生の声」です。この貴重な情報を、ぜひ自社のマーケティング活動に活用していきましょう。

ソーシャルリスニングの活用例

　ソーシャルリスニングは、さまざまな目的で実施することができます。以下に、活用例をいくつか挙げますので参考にしてみてください。

図4-9　ソーシャルリスニングで情報収集する

■ブランドイメージ調査・競合調査

　会社・ブランド・商品・サービスなどについてどんな発言がなされているかを収集・分析し、ユーザーにどんなイメージを持たれているかを探ります。肯定的／中立／否定的に分類するポジネガ分析（センチメント分析）などがよく使われます。さらに、競合他社についても同様に調査して、ポジショニング分析をしたり今後の戦略に生かしたりすることができます。

■広告・キャンペーンなどの効果測定

　ソーシャルリスニングは幅広いプロモーション活動の効果測定に活用できます。たとえば、テレビCMを流した後、どのくらいポジティブな内容のSNS投稿が増えたかを確認することで、どの局でどの時間帯に流したCMがSNS上で反響を集めたか、などを調査・分析し効果を測ることができます。

■ペルソナ策定

　自社・ブランド・商品・サービスについて好意的／肯定的な発言をしているユーザーのプロフィールを収集・分析することで、ペルソナ設定の参

考にすることができます。ペルソナは、投稿コンテンツを考える際やSNS
広告のターゲティングの際に役立てましょう。

■インフルエンサーの発見

　自社・ブランド・商品・サービスについて好意的／肯定的な発言をして
いるインフルエンサーを探し出すことができます。運よく見つかれば、自
社のマーケティング活動への協力を依頼したり、SNS上で自社の投稿を
シェア・リツイートしてもらえるような関係性を築いたりすることも可能
でしょう。

■潜在的ニーズ調査

　商品・サービスに対してユーザーが感じている不満や願望を発言内容か
ら探り、潜在的ニーズを見つけることができます。たとえば、「毎回最後ま
で使い切れない」→（小さいサイズ・少ない個数のニーズ）「うちの近所
（○○県）には店舗がないから、いつも隣県まで行ってる」→（○○県への
出店ニーズ）など、ユーザーの生の声を今後の戦略に生かすことができる
でしょう。

■リスクマネジメント（偽アカウント防止・炎上予防）

　定期的にソーシャルリスニングを行うことで、「偽アカウント（なりすま
しアカウント）」や「炎上（の火種）」を早期発見することが可能です。さ
らに、問題を発見したら早期対応することで、自社をSNSトラブルから守
ることにつながります。

■情報収集・ファクトチェック（フェイクニュース対策）

　「自社のビジネスにとって、有用・必要な情報」を収集・分析して活用す
ることができます。既に多くのメディアは、事件やトレンドに関する情報
収集にソーシャルリスニングを活用していますし、災害発生時にソーシャ
ルリスニングの活用を進めつつある自治体も増えています。また、得た情

報の事実確認（ファクトチェック）にも活用されるケースも増えています。たとえばNHK報道局では、2013年から「ソーシャル・リスニング・チーム（SoLT）」という専門チームが情報収集とファクトチェックにソーシャルリスニングを活用しています。

■顧客サポート

　自社の商品・サービスについての疑問や要望、不満などをソーシャルリスニングで収集して社内に共有し、今後の商品・サービスの改善に生かすことができます。多く見られる疑問・質問はFAQとして回答とともにWebサイトに掲載し、顧客満足度の向上を図ることもできます。

　なお、この「顧客サポート」目的でのソーシャルリスニングの発展形が、前述した「アクティブサポート」といえるでしょう。

ソーシャルリスニングの始め方

　今日からでも、すぐに始められるのが「ソーシャルリスニング」です。以下に、そのやり方を紹介します。

■エゴサーチ

　「ego」（自我）＋「search」（検索する）の文字通り、Googleなどの検索サイトやYahoo!リアルタイム検索、SNSの検索機能を使って「会社名」「商品名」「サービス名」「それらを含むハッシュタグ」などで検索し、評判や評価などを確認する方法です。正式名称だけでなく略称や愛称などでも検索してみましょう。

■ソーシャルリスニングツール

　無料のものから有料のものまで、さまざまなソーシャルリスニングツールが存在します。自社の予算とニーズに合わせて導入を検討してみるのもよいでしょう。次ページに、いくつか紹介しておきます。

ツール名	URL
Yahoo! リアルタイム検索	https://search.yahoo.co.jp/realtime
NetBase	https://www.netbase.co.jp/
Crimson Hexagon	https://ch.brainpad.co.jp/top
BuzzSpreader Powered by クチコミ@係長	https://service.hottolink.co.jp/
Social Insight	https://sns.userlocal.jp/

図4-10 代表的なソーシャルリスニングツール

✎Memo ユーザーは企業からのアクションを待っている

株式会社コムニコの調査によれば、「企業の公式 Twitter アカウントからリツイート、返信、『いいね！』されるとどう感じますか？」という問いに対し、92% のユーザーが「好感が持てる」と答えています。「いきなりファンに話しかけたら嫌われないだろうか？」といった心配は不要です。安心してアクティブサポートを試してみてください。

> Chapter

5

定期的に
効果測定しよう

Chapter 4 に続き、Chapter 5 では「SNS アカウントの運用」手法の
STEP 3 として、定期的に効果測定する方法を具体的に解説していき
ます。SNS アカウントの運用は、ただ漫然と続けるのではなく、
Chapter 2 で解説したように、目的・ゴール達成を常に目指していく
ことが大切です。定期的な効果測定によって進捗を確認し、よりよい
SNS アカウントの運用につなげていきましょう。

Section **01**

効果測定のポイント

効果測定は毎月行う

SNSアカウントの運用をただやりっぱなしにするのではなく、**月に1回程度はその運用実績を分析し、効果測定すること**が大切です。具体的には、KGI、KPIの達成度（進捗）を確認することで、施策に対する課題などを見つけ出します。課題を分析して適切な対策を講じたら次月の運用に反映させましょう。

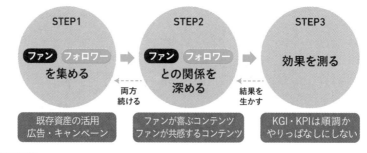

図5-1 「SNSアカウントの運用」の3ステップ

目的(KGI)のない効果測定は意味がない

毎月漫然と「ファン・フォロワー数」の増減を眺めたり、「いいね！」数を数えたりするだけでは、効果測定とはいえません。**現状の課題をもとに設定した目的・ゴール（KGI）を常に意識し、その上でKPIを定期的に記録し、分析と考察を含めたレポートを作成するようにしましょう。**

SNSアカウントの運用をチームで行っている場合は、特にこのレポートを

共有して現状の課題や解決策についての共通認識を持つようにしましょう。

効果測定は、「あらかじめ設定したKPIの達成度を見る」のが基本です。たとえば、次のような視点でKPIを見るようにしてみましょう。

- なぜ、ファン（フォロワー）がこのタイミングで増えている／減っているのか
- なぜ、この投稿はいいね！が多い／少ないのか
- なぜ、この投稿はリーチが多い／少ないのか
- なぜ、目標としていた数値に届かないのか　など

この「なぜ」の答えを考え、見つけ出し、次月以降のSNSマーケティング活動（例：SNSアカウントの運用など）の改善に生かしていきましょう。

> **✎ Memo** KPI設定は「SMART」に！
>
> 適切なKPI設定のために使われるフレームワークのひとつが「SMARTモデル」です。1981年にジョージ・T・ドラン氏の論文ではじめて発表されたもので、KPI達成の実現可能性を高める5つの要素の頭文字をとって名付けられています（なお、5つの単語の組合せには諸説あります。以下、組合せの具体的典拠はありません）。
>
> ・Specific（具体性）：具体的・明確な表現であり、誰が見ても理解できる
> ・Measurable（測定可能性）：定量的であり、目標に向けて達成度合いが判断できる
> ・Achievable（達成可能性）：単なる願望ではなく、現実的に達成可能な内容である
> ・Related（関連性）：自分が属する部署や企業の目標に関連した内容である
> ・Time-bound（時間の制約）：「いつまでに」目標達成するか、期限を含んでいる
>
> 以上の要素を意識して適切なKPIを設定することで、PDCAサイクルを正しく回し、目的・ゴール（KGI）達成を目指しましょう。

KPIの測定方法

　主要なSNSには、フォロワーの統計データや投稿のパフォーマンスなどを確認できる**分析機能**が用意されています。ここでは、Facebook、Twitter、Instagramそれぞれのインサイトについて具体的に解説していきます。

Facebookインサイト

　Facebookインサイトは、Facebookページの管理者が利用できる無料の分析機能です。Facebookページのフォロワーデータや投稿に対する反応など、Facebookページのパフォーマンスを知ることができます。

　Facebookページの上部メニューから［インサイト］をクリックしてアクセスできます。［インサイト］が見つからない場合は、［その他］をクリックしてください。

　インサイトにアクセスすると、「概要」が表示されます。指定した期間におけるページビュー、投稿のエンゲージメント、ページへの新規「いいね！」数などが表示されます。期間の初期値は「過去7日間」ですが変更可能です。

　それでは、Facebookインサイトの機能をいくつか紹介します。

　左側メニューにある［投稿］をクリックすると、SNSアカウントの運用に役立つ有用なデータがいろいろ確認できます。たとえば次ページの画面を見ると、多くのファンがオンラインの時間帯は太平洋時間で19時〜5時、つまり日本標準時で正午〜22時であることがわかりますので、この時間帯に投稿を行うのがよいでしょう。

　「ファンがオンラインの時間帯」タブでは、過去1週間における曜日別・時間帯別に、オンラインになっていたファン数を確認できます。**1人でも**

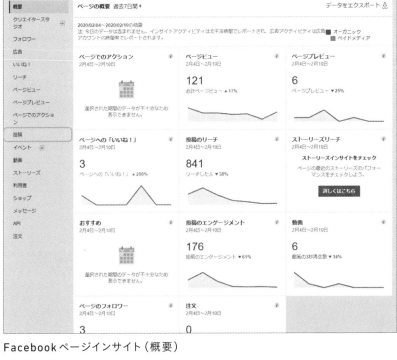

Facebookページインサイト（概要）

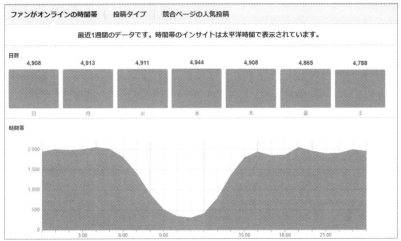

Facebookインサイト（投稿）

多くのファンに投稿を見てもらうためにも、このデータを参考に、投稿日時を検討しましょう。

　「投稿タイプ」タブでは、「リンク投稿」、「写真（画像）投稿」、「動画投稿」など、投稿タイプごとの平均リーチと平均エンゲージメントを確認できます。自社のFacebookページのファンにはどんな投稿タイプのものがリーチしやすいのか、反応してもらいやすいのかを知り、投稿計画に生かしましょう。

投稿タイプごとの平均リーチと平均エンゲージメント

　「競合ページの人気投稿」タブでは、ベンチマークとしたい他社のFacebookページをあらかじめ登録しておくことで、人気の投稿とそのエンゲージメント数を確認することができます（「リーチ」はFacebookページの管理権限を持つユーザーしか確認できないため、ここには表示されていません）。競合他社のファン・フォロワーと自社のそれは重複している場合も多いので、競合ページでどんな投稿が人気を集めていたかを調査・分析し、自社の投稿にも生かしましょう。

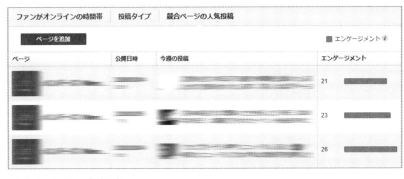

競合ページの人気投稿

　ページをスクロールダウンすると、直近の投稿のリーチやエンゲージメントといった、パフォーマンスを確認することができます。**自社の投稿内容の見直しは毎月必ず行うべきです。**リーチやエンゲージメントが多かった投稿、少なかった投稿それぞれをピックアップして、その理由を検証しましょう。よかった点は次月以降にも生かし、悪かった点は改善策を考えて次月以降に試し、その結果を検証しましょう。

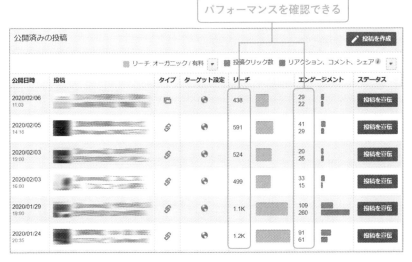

パフォーマンスを確認する

表内の「投稿」列をクリックすると、投稿ごとの詳細データを見ること
ができます。「投稿のパフォーマンス」の読み方ですが、左の列はリアク
ションの合計数、真ん中の列はその投稿からのリアクション数、右の列は
この投稿をシェアした投稿からのリアクション数を表しています。他にも、
クリックされた場所や、この投稿になされた否定的な意見（ネガティブ
フィードバック）の件数も確認できます。

　シェアが多かった投稿は、多くのファン・フォロワーの共感を集めて広
くSNSで拡散されたことを意味します。ポジティブな意味で拡散されたの
であれば問題ないですが、ネガティブな理由で拡散されている（＝炎上し
ている）ケースもあるので注意が必要です。ネガティブフィードバックが
多い場合は後者のケースを疑うべきでしょう。

投稿ごとの詳細データ

Facebookページインサイト、概要欄の左側メニューから［利用者］をクリックすると、Facebookページのファン、フォロワー、リーチした人、アクションを実行した人の性別・年齢・所在地などの統計データを確認できます。**どんな投稿がファンに喜ばれるか考える際の参考にしましょう。**

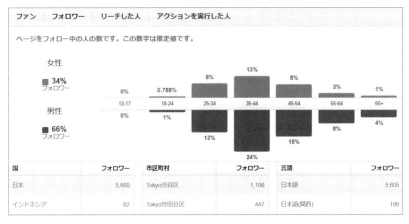

利用者を確認できる

Facebookページインサイト、概要欄の左側メニューから［クリエイタースタジオ］をクリックし、さらに左側メニューの［インサイト］をクリックすると、投稿した動画、シェアした動画、クロス投稿（複数のFacebookページで共有されている動画を使った投稿）した動画のパフォーマンスを確認できます。期間の初期値は「過去7日間」ですが変更可能です。

Facebookインサイト（クリエイタースタジオ）

　ページをスクロールダウンすると、期間中に投稿、シェア、クロス投稿した個々の動画について、次のデータを確認できます。**ファン・フォロワーに好評な動画はどのようなものか理解し、今後の動画に生かしていきましょう。**

①再生時間	動画が再生された合計時間（分）。リプレイされた時間も含まれる
②動画の1分再生数	動画が1分以上再生された回数。リプレイされた時間は除外される
③動画の3秒再生数	動画が3秒以上再生された回数。リプレイされた時間は除外される
④エンゲージメント	動画に対してコメントやシェアなどのリアクションをしたユーザー数

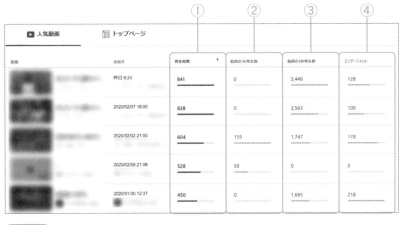

動画	追加日	① 再生時間 ↓	② 動画の1分再生数	③ 動画の3秒再生数	④ エンゲージメント
	昨日 9:24	841	0	3,446	128
	2020/02/07 16:00	828	0	2,563	100
	2020/02/02 21:00	604	159	1,747	178
	2020/02/08 21:06	528	59	0	0
	2020/01/30 12:37	450	0	1,695	218

図5-2 投稿した動画について確認できる事項

▌Twitterアナリティクス

Twitterアナリティクスは、すべてのTwitterユーザーが利用できる無料
の分析機能です。Twitterページのフォロワーデータやツイート（投稿）に
対する反応などのパフォーマンスを知ることができます。

　PC版Twitterにログインし、左側メニューから［もっと見る］→［アナ
リティクス］をクリックしてアクセスできます。または、Twitterにログ
インした状態でアナリティクス（https://analytics.twitter.com）にアクセ
スすることも可能です。

　Twitterアナリティクスのホーム画面上部には、過去28日間のパフォー
マンス変動が表示されています。行った投稿の数、インプレッション、プ
ロフィールへのアクセス数、フォロワー数などの変動が確認できます。**毎
月のKPI（例：フォロワー数、インプレッション数など）の達成度合いを
見て、その月のTwitterアカウント運用が順調だったか否かを検証しま
しょう。**

Twitterアナリティクス（ホーム）

　ページをスクロールダウンすると、次のような、月ごとの概要データを確認できます。**自社アカウントのファン・フォロワーには、どんな投稿（ツイート）が響くのか、なぜ響いたのかを検証し、次月以降もその要素を取り入れた投稿を行うようにしていきましょう。**

①トップツイート	最もインプレッションを獲得した投稿
②トップの 　メディアツイート	最もインプレッションを獲得した画像・動画付き投稿
トップの@ツイート	最もエンゲージメントを獲得した他ユーザーからの@ツイート ※下図では当該ツイートがないため表示されていない
③概要	行ったツイート数や新規フォロワー数など
④トップフォロワー	最もフォロワー数が多い、新規フォロワー

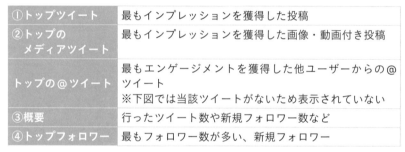

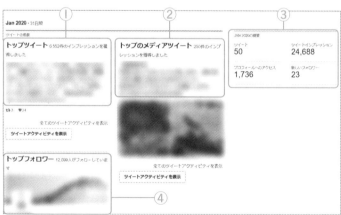

図5-3　Twitterアナリティクスで確認できる事柄

「ツイート」タブでは、過去28日間のツイートアクティビティが表示されます。上の棒グラフは日ごとのオーガニックインプレッション（投稿やリツイートによって投稿が見られた回数）、下の棒グラフは日ごとのツイート数を表します。日によってインプレッションの違いが見えるはずです。**「なぜ、この日はインプレッションが多かったんだろう」「なぜ、この日はインプレッションが少なかったんだろう」という視点を持ってその理由を考え、翌月以降のインプレッション増加策を立てましょう。**

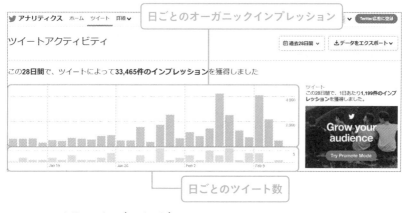

Twitterアナリティクス（ツイート）

　ページをスクロールダウンすると、ツイートごとのインプレッション、エンゲージメント数、エンゲージメント率を確認できます。[トップツイート]、[ツイートと返信] などをクリックすると表示を切り替えることができます。**自社アカウントのフォロワーにはどんな投稿（ツイート）が響いたのか、なぜなのかを分析し、次月以降も同じ要素を含めた投稿を行うようにしてみましょう。**

ツイート	トップツイート	ツイートと返信	プロモーション	インプレッション	エンゲージメント	エンゲージメント率
				175	5	2.9%
				3,693	46	1.2%
				274	5	1.8%

ツイートアクティビティを表示

ツイートごとのインプレッション、エンゲージメント数、エンゲージメント率を確認できる

　各投稿の下に表示されている[ツイートアクティビティを表示]をクリックすると、エンゲージメントの内訳と各数字も確認することができます。その投稿（ツイート）に対してフォロワーが行った行動を確認することで、「なぜ、プロフィールが多くクリックされたのか」「なぜ、詳細はあまりクリックされなかったのか」などの視点で分析し、次月以降に生かしましょう。

ツイートアクティビティ ✕

より多くのユーザーに届ける（Twitter広告）
このツイートを広告に使ってさらに多くのエンゲージメントを獲得しましょう。

Twitterにログイン

インプレッション	6,861
エンゲージメント総数	261
リンクのクリック数	183
プロフィールのクリック数	42
いいね	24
詳細のクリック数	7
リツイート	3
ハッシュタグのクリック数	2

エンゲージメントの内訳と各数字も確認できる

ページの右側には、期間中のエンゲージメントの推移と平均値が表示されています。エンゲージメントをKPIにしている場合などには、ここで進捗度を確認しましょう。

　ページ上部の［詳細］をクリックすると、さらに「動画」「コンバージョントラッキング」ページにアクセスできます。

　「動画」では、投稿した動画の再生回数や平均再生時間などを確認することができます（「コンバージョントラッキング」はTwitter広告利用時に使う分析メニューです）。投稿に付けた動画はフォロワーの関心を集めることができたのか、最後まで見てもらえるような魅力的な動画だったのか、を検証し、今後の動画作成の参考にしましょう。

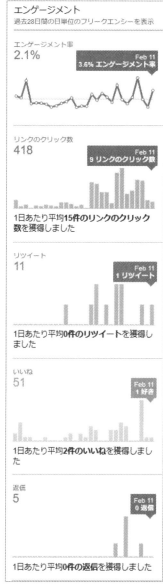

期間中のエンゲージメントの推移と平均値が表示される

Instagram インサイト

　Instagram インサイトは、アカウントを「プロアカウント」に切り替えることで利用できる無料の分析機能です（なお、プロアカウントへの切り替え手順は次の URL を参照してください：https://www.facebook.com/help/instagram/502981923235522）。フォロワーデータや投稿に対する反応などのパフォーマンスを知ることができます。

　Instagram のプロアカウントにログインし、プロフィール画面右上の［☰］をタップし、メニューから［インサイト］をタップするとアクセスできます。

　「コンテンツ」タブでは、過去1週間に行った投稿（フィード投稿、ストーリーズ投稿）の件数や、期間中に閲覧された回数が多かった上位3投

Instagram のプロフィール画面で
［☰］をタップする

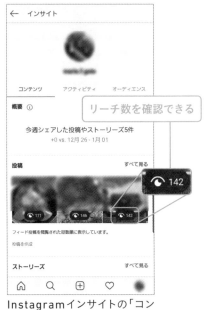

Instagram インサイトの「コンテンツ」タブ画面

稿が表示されます。**反応がよかった投稿・反応がよくなかった投稿それぞれについて、「なぜなのか」を検証しましょう。**反応がよかった投稿に共通する要素があれば、次月以降の投稿にも生かしましょう。反応がよくなかった投稿についても、その理由について仮説を立て、次月以降は改善案を試してみましょう。

「投稿」の右にある［すべて見る］をタップすると、過去1年に行ったフィード投稿が、リーチの多い順に表示されます。**どの投稿が多くのユーザーに見られたのか・どの投稿があまり見られなかったのか、それぞれ理由を分析しましょう。**

ページ上部の［すべて］をタップすると投稿タイプを選択できます。［1年間］をタップすると表示期間が変更でき、［リーチ］をタップすると、データの種類を変更できます。

投稿のサムネイル画像をタップすると、個々の投稿画面に移動します。

過去1年に行ったフィード投稿が、リーチの多い順に表示される

Instagram 個々の投稿ページ

［インサイトを見る］をタップすると、簡略版の投稿インサイトが表示されます。日々の投稿検証のレベルであれば、この簡略版インサイトを利用するのが手軽で便利でしょう。

　左から「いいね！数」「コメント数」「ダイレクトメッセージでのシェア数」「保存された数」、さらにプロフィールへのアクセス数とリーチ数を確認できます。

　この画面でスワイプアップすると、詳細な投稿インサイトが表示されます。リーチしたユーザーのうち、何％がフォロワーかを把握できたり、何がきっかけでこの投稿がユーザーに見られたか確認したりすることができます。**投稿に付けたハッシュタグが有効だったかどうかを確認するのに使えるデータです。**

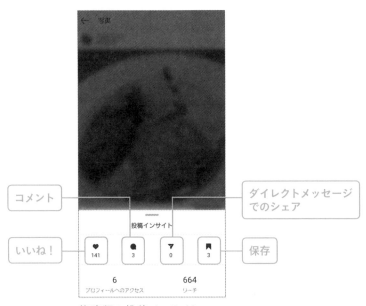

簡略版の投稿インサイト

投稿のリーチ数

どこ経由で発生したインプレッションなのか、
具体的な数値とともに確認できる

詳細な投稿インサイト

　Instagramインサイトの画面の、「ストーリーズ」の右にある［すべて見
る］をタップすると、過去14日間に行ったストーリーズ投稿が、リーチの
多い順に表示されます。どのストーリーズが多く見られたのか、どのストー
リーズがあまり見られなかったのか、その理由を分析し、次月以降のストー
リーズ投稿に生かしていきましょう。

　画面上部の［リーチ］をタップすると、表示させたいデータの種類が変
更でき、［14日間］をタップすると表示期間を変更できます。たとえば、
日々のストーリーズの投稿本数が非常に多い場合には、表示期間を「24時
間」に絞り込んで効果検証を行いましょう。

過去14日間に行ったストー
リーズ投稿が、リーチの多い
順に表示される

表示期間を変更できる

　ストーリーズ投稿のサムネイル画像をタップすると、個々のストーリー
ズ画面に移動します。

　画面左下の［○人が既読］をタップすると、ストーリーズインサイトが
表示されます。ストーリーズ投稿のインプレッション数や、ストーリーズ
を見たユーザーが起こしたアクションを確認しましょう。

　左上の棒グラフマークをタップすると、ストーリーズから実行されたア
クションの種類と数が見られます。「発見」ではインプレッション数や、ス
トーリーズがきっかけの新規フォロー数などが確認できます。どこ経由で
ストーリーズにアクセスしたユーザーが多いのか、たとえばストーリーズ
に付けたハッシュタグは有効だったかどうかの検証などを行いましょう。

　棒グラフマーク右側の具体的数字をタップすると、ストーリーズ投稿を
閲覧したユーザーのアイコンとアカウント名がリスト表示されます。ス

トーリーズに関心を持ってくれたユーザー
を把握するだけでなく、そのユーザーの投
稿に「いいね！」したりユーザーをフォロー
したりすることでコミュニケーションをと
ることも有効です。なお、投稿後48時間以
上経過すると、閲覧者リストは表示されな
くなります（右下の画像は48時間以上経過
後の様子）。

個々の投稿後ストーリーズ投
稿ページ

「ナビゲーション」では、どこ
経由でストーリーズが見ら
れたのか、流入経路がわかる

投稿後48時間以内であれば、こ
こに閲覧者リストが表示される

ストーリーズ投稿を閲覧したユーザーのアイコンとアカウント名

続いて、Instagramインサイトの「アクティビティ」タブを解説します。

「アクティビティ」タブでは、過去1週間に獲得したリーチ数を日ごとに確認できます。「インタラクション」では、投稿から発生したアクションを日ごとに棒グラフで見ることができます。

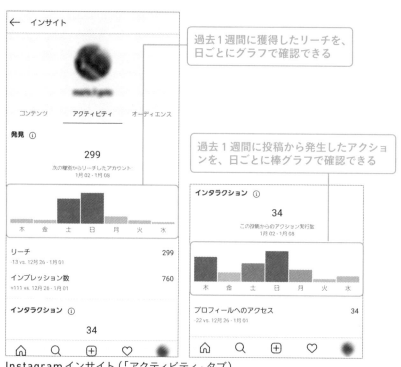

Instagramインサイト（「アクティビティ」タブ）

最後に「オーディエンス」タブを解説します。

ここでは、フォロワーの増減、フォロワーの所在地、年齢層、性別などを確認できます。「フォロワー」では、「時間：フォロワーがオンラインになっている時間」「日：フォロワーがオンラインになる曜日」のグラフを切り替えて確認することが可能です。フォロワーの生活パターンを理解し、いつ投稿すれば多くの人に見てもらえるかを考える際の参考にするとよいでしょう。

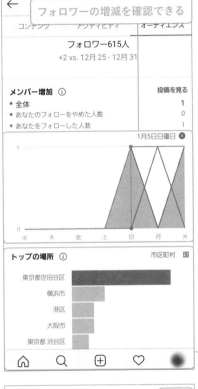

フォロワーの増減を確認できる

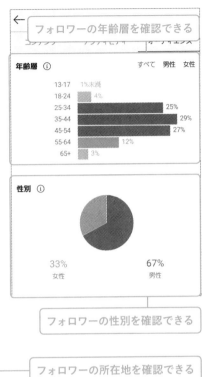

フォロワーの年齢層を確認できる

フォロワーの性別を確認できる

フォロワーの所在地を確認できる

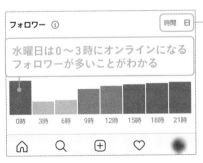

水曜日は0〜3時にオンラインになる
フォロワーが多いことがわかる

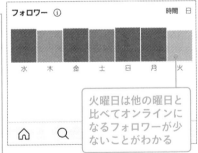

火曜日は他の曜日と
比べてオンラインに
なるフォロワーが少
ないことがわかる

タップすることで、フォロワーがオンラインになる曜日・
フォロワーがオンラインになっている時間のグラフが切り替わる

Instagramインサイト（「オーディエンス」タブ）

KPI測定に使えるその他のツール

KPI測定のために使われるその他のツールには、たとえば次のようなものがあります。目的や予算に合わせて、これらのツールを用いて効率よくKPI測定を行いましょう。

SNSプラットフォーマーが提供している広告管理ツール	• Facebook広告マネージャ • Twitter広告マネージャー
サードパーティー各社が提供しているSNS運用支援ツール	• comnico Marketing Suite • Beluga • HootSuite • Sprinklr • Social Insight
サードパーティー各社が提供しているアクセス解析ツール	• Googleアナリティクス • User Insight

図5-4 KPI測定のために使われる主なその他のツール

定期的なレポート化で、PDCAを加速する

前述したような各分析ツールで得られた各指標のデータは、**月次でレポートの形にし、関係者で共有する**ようにしましょう。

分析するデータは過去6カ月分ほどあれば、中長期的な目線でKPIの推移が確認でき、ゴール達成に向けた現在の施策の方向性が正しいか否かを知ることができます。

次ページに挙げたのは月次レポートのサンプルです。左表には過去6カ月間におけるKPIの推移を載せ、中でも重要なKPIはグラフにしています。グラフにすることで小さなデータ変動でも可視化され、ちょっとした変化にも気付きやすくなります。

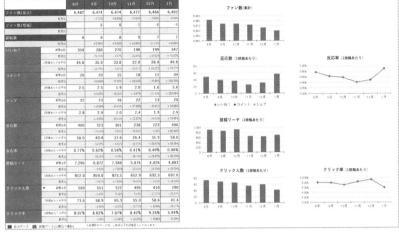

月次レポートの例

　レポートを作成した後は、本章の01で紹介したように、KPIの達成度を確認し、要因と（未達の場合は）改善案を考え、次月以降に生かしましょう。

✎Memo ▶ 効果測定は「時短」が決め手！

効果測定は、インサイトやアナリティクスからデータをコピー＆ペーストし、Excel などのスプレッドシートを駆使して表やグラフにまとめ、整形してレポート化する、といった作業を行わなければならず、かなりの時間を必要とします。そのため、出来る限り時短化を図らなければなりません。なぜなら、企業の SNS アカウントの担当者の方の貴重な時間と労力は、Chapter 4 で紹介した「ファン・フォロワーとの関係を深めるための施策」や、効果測定後の「検証」にこそ投入すべきだからです。

時短化にお勧めなのは、ツールの導入です。ファン・フォロワー数や投稿のパフォーマンスの集計分析、競合他社との比較、見やすいレポート作成などを簡単に行うことができる「SNS レポーティングツール」「SNS 管理ツール」にはさまざまなものがありますので、予算や使い勝手にマッチするものを見つけてみてはいかがでしょうか。

ツール	特　徴
comnico Marketing Suite	過去6カ月のデータを含んだ月次レポートを自動作成
Beluga	自社と競合他社とのアカウントデータ比較にも対応
Social Insight	口コミデータの集計、可視化にも対応
Sprinklr	SNSアカウントの運用、SNS広告などを横断的にレポーティング

図5-5 レポート作成ができるツールの例

地道で継続的な検証の
繰り返しで、目標達成へ！

▌改善策を実施し効果検証する

　KPIの測定とレポートによる効果測定をただ続けるだけでは、宝の持ち腐れです。**効果測定によって得られた結果をもとに「改善策」を実施し、その効果を検証する**――このプロセスをどんどん回していきましょう。

　ここでは、「投稿に対するファン・フォロワーからの反応が伸び悩んでいる」ケースを例に挙げて解説します。投稿における「何を、どう変えたら、結果はどうなったか」を、以下の「検証ポイント」ごとに、仮説を立てて効果検証します。よい結果が出たものは継続、結果が出なかった場合は別の改善策を試していきましょう。

■検証ポイント（1）投稿タイミング

　「投稿タイミング」は変更が容易なため、まずは**検証してみる**のがお勧めです。いろいろな仮説を立てて実際に検証してみましょう。具体的な検証ポイントをいくつか挙げておきます。

● 曜日／時間帯

　ファン・フォロワーがSNSを使っている時間帯（オンラインの時間帯）に投稿することで、投稿を見てもらえる可能性や投稿に反応してもらえる可能性が高まると考えられます。

　FacebookやInstagramのインサイトでは、「ファン・フォロワーがオンラインの曜日・時間帯」のデータを見ることができますので、参考にするとよいでしょう。

- 投稿頻度

ファン・フォロワーにとって「ちょうどよい」と感じてもらえる投稿頻度を探っていきましょう。望ましいとされる投稿頻度は、SNSの種類によって異なりますし、ファン・フォロワーの年齢層や属性にも左右されると考えられます。一般的な目安として、以下を参考にしてください。

- Facebook：1〜2本程度／日　（※少なくとも2時間以上の間隔を空けて投稿する）
- Twitter：投稿頻度は高くても問題なし（※連続投稿も可能）
- Instagram：1〜3本程度／日　（※無理なくコンテンツを用意できる本数がよい）

■検証ポイント（2）画像・動画

画像や動画は、テキストより先にファン・フォロワーの目に入る可能性が高く、画像や動画を見て直感的にシェアやリツイートをしてもらえるケースも多くあります。ファン・フォロワーに響く画像・動画は、投稿に対する反応を引き起こす強い力を持つ要素といえるでしょう。

また近年は、PCではなくスマホでSNSを利用するユーザーが多いことも意識したいところです。具体的な検証ポイントは次の通りです。

- 形（縦長／正方形／横長）

画像の「推奨サイズ・縦横比」は、SNSごとに異なります。SNSプラットフォーマーやSNSマーケティング関連企業が情報公開していますので、参考にしてください。

- 写真（実写）／イラスト

ファン・フォロワーには、写真が喜ばれるのか、イラストが喜ばれるのかを検証してみましょう。

写真の場合は「被写体」、イラストの場合は「モチーフ」についても検証

したいところです。具体的な検証ポイントを以下にいくつか挙げておきます。

- 寄り／引き
- 生物／モノ／風景
- 男性／女性／子ども／動物／植物
- 日本人／外国人
- 1人／複数人
- 室内／屋外
- 朝／昼／夜
- 解像度
- 企業・ブランドロゴの有無

イラストについては、どんな色味やトーンのものが喜ばれるのかも検証してみましょう。

- 背景色
- （トーン）メルヘン／リアル／手描き風／劇画風／CG風　など
- 文字あり／なし

写真やイラストに文字を入れる場合には、さらに次のような検証ポイントも加わるでしょう。

- 文字（色・サイズ・フォント）
- 企業／ブランドロゴのあり／なし

具体的な検証ポイントは次の通りです。

- （投稿形式）1枚／複数枚／カルーセル／アルバム／スライドショー
- 画像／動画

そもそも、静止画と動画のどちらがファン・フォロワーに喜ばれているのかも検証するとよいでしょう。Facebookのインサイトでは、「投稿タイプ別のパフォーマンス」を確認することができます。

動画投稿では、さらに次のような検証すべきポイントがあります。これらは一部ですが参考にしてください。

- アニメーションGIF／動画／360度動画
- 長さ（視聴時間）
- 音声（ナレーション）あり／なし
- 音声（BGM）あり／なし
- 企業・ブランドロゴの有無

■検証ポイント（3）テキスト（文字・原稿）

最後に挙げる検証ポイントは、「テキスト（文字・原稿）」です。前提として、各SNSの仕様（例：文字数制限・ハッシュタグ数制限）や、SNSの持つ雰囲気・世界観、自社SNSアカウントにとってのペルソナは理解しておきましょう。その上で、さらに次のようなポイントで検証を行うようにしましょう。

短文／長文

ファン・フォロワーは短い文を好むのか、長文を好むのかを検証しましょう。年齢層や属性によっても結果は異なることが予想されます。

漢字、カタカナ、ひらがなの割合

この中でも特に注意すべきは「漢字の割合」です。コムニコが過去に行った検証から、「SNS投稿の場合、漢字の割合は2割以下が望ましい」と考えられていますが、これがすべての企業アカウントに当てはまるとは限りません。検証を重ねて、自社SNSアカウントにとってベストな割合を見つけてください。

- ハッシュタグあり／なし（個数）

　投稿文中にハッシュタグを入れるか否か、入れる場合は何個入れるかも検証すべきポイントです。以下に「一般的な目安」を挙げておきますので、参考にしてください。

- Facebook：ハッシュタグはあまり活用されていないため、付けなくても問題なし
- Twitter：ハッシュタグはその日のトレンドを意識して付ける。数は1投稿当たり5個以下を推奨。キャンペーンを実施する場合は、キャンペーン用のオリジナルハッシュタグを付けるのもよい
- Instagram：ハッシュタグは厳選したもの（自社やブランドに関連のあるもの、Instagramで人気のあるもの、トレンドを意識したもの、Instagramならではのものなど）を必ず付ける。数は1投稿当たり30個、1ストーリーズ投稿当たり10個まで

- タイトルあり／なし

　投稿の冒頭に【○○クイズ】【会社紹介 第△回】のようなタイトルを付けるか否かも検証するとよいでしょう。定型タイトルを付ければ「シリーズもの投稿」だと印象付けることができますし、連番付きタイトルは、それが連載形式なのだと明示する効果があります。その一方で、「毎回同じような投稿に見える」「マンネリ」と思われる可能性もあります。

　具体的な検証ポイントは次の通りです。

- URLあり／なし
- 顔文字や絵文字などの記号あり／なし
- トーン＆マナーのかたさ／ゆるさ
- 一人称／三人称

ここまで、さまざまな「検証ポイント」を紹介してきました。「投稿に対

するファン・フォロワーからの反応が伸び悩んでいる」理由について仮説を立て、改善すべきだと思うポイントを1つずつ丁寧に検証していき、効果測定を行っていきましょう。

正解は1つではない

効果測定と検証を繰り返す中で押さえておきたいのが「**正解は1つではない**」ことです。SNSの種類、皆さんの企業の業種、ファンやフォロワーの属性（年代・性別）など、さまざまな要素が結果に影響を与えます。A社にとっての正解が必ずしもB社にとっても正解とは言い切れません。「皆さんの企業にとっての正解」を導き出すべく、地道かもしれませんが、効果測定と検証はぜひ続けましょう。

正解は永久不変ではない

加えて、「**正解は永久不変ではない**」こともお伝えしておきます。世の中の流行も、SNSやインターネット上のトレンドも日々スピーディーに変わり続けています。ファンやフォロワーもどんどん入れ替わっていきますし、彼ら彼女らの趣味嗜好も変わる可能性があります。先月は好評を得たSNS投稿が今月はまったく見向きもされない。先週はバズった投稿手法で今週も試したら全然反応されない。そんな現象は非常によくあることなのです。

つまり、「正解は永久不変ではない」、むしろ日々スピーディーに変わるものだと心得ておきましょう。地道に検証（トライ＆エラー）を続けること、PDCAを回し続けることによって、毎回真新しい「正解」に近づくことができるはずです。

Section **04**

KGIの測定方法

KGIも定期的に測定する

KPIだけでなく、KGIの状況も定期的（四半期、半年、1年ごとなど）に測定し、**達成状況を確認する**ようにしましょう。

とはいえ、「認知度向上」「ブランド好意度の向上」「顧客のロイヤリティの向上」「購入意向の向上」など多くのKGIは、各SNSの分析ツールなどで数値を確認することができないため、測定には工夫が必要です。以下から、お勧めの方法として「**アンケート調査**」による測定方法を解説します。

ファン（フォロワー）と非ファンに アンケート調査をして比較する

自社SNSアカウントのファン・フォロワーと、それ以外のユーザーに対して同じ設問のアンケート調査を実施し、その結果を比較・分析することで、「**SNSアカウントのファン・フォロワーになることによる態度変容**」を確認することができます。

たとえば次ページの画面では、ファン（フォロワー）には通常投稿（オーガニック投稿）でファン用アンケートURLを送付し、非ファン（非フォロワー）には広告投稿で非ファン用アンケートURLを送付しています。

ファン・非ファンそれぞれの回答結果を分析し比較すると、たとえば「ブランド好意度」「購入意向」はファンのほうが非ファンより高くなるという結果が得られました。こうした手順で「SNSでファン・フォロワーになってもらうことによる態度変容」度合いを数値化することも可能です。

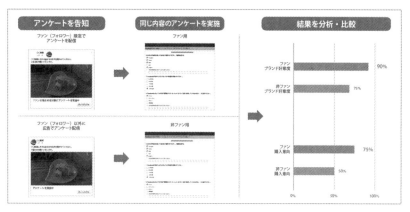

KGI測定方法（アンケート調査）

　自社のSNSアカウントのファン・フォロワーを対象にアンケートを継続的に実施して、ファン・フォロワーの態度変容を確認する方法もあります。アンケート実施期間は2週間程度、アンケート設問は10問前後がよいでしょう。あまりに設問数が多いと、回答するのが面倒になって途中で止めてしまうファン・フォロワーが増えてしまいますので気を付けてください。

　以下に、アンケートの設問例を挙げておきます。

　　①性別を教えてください。
　　②年齢を教えてください。
　　③〇〇というブランドが今年8月にリニューアルするのをご存じですか？
　　④③で「知っている」と回答した方に質問です。
　　　リニューアルするのをどこで知りましたか？
　　⑤〇〇というブランドについて、あなたの気持ちは「非常に好き」〜

「まったく好きではない」の5つのうちどれですか?

⑥⑤について、その理由も教えてください。

⑦○○について、あなたがお持ちのイメージを、以下A〜Jの中から選んで教えてください（複数回答可）。

⑧あなたは、○○をご家族やご友人にどの程度勧めようと思いますか?

⑨○○Instagramアカウントで印象に残っている投稿、好きな投稿を教えてください。理由も聞かせてください。

⑩あなたが○○Instagramアカウントから受け取りたい情報はどんなものですか？　以下から選択して教えてください（複数回答可）。

　Chapter 5では、「SNSアカウントの運用」手法のSTEP 3として、定期的な効果測定方法、検証方法について解説しました。KPI・KGIを定期的に測定・分析し、目的達成に向けてよりよいSNSアカウントの運用施策に生かしていきましょう。

> **✎ Memo** アンケートはリーズナブルに実施できる!?

アンケートフォームを作成するには、さまざまな方法があります。自社ですべて内製する、アンケート専門業者に外注するといった選択肢もありますが、無料や安価なアンケートサービスを使って簡単に作ることも可能です。以下に例を挙げておきますので、参考にしてください。

業者名	URL
Googleフォーム	https://www.google.com/intl/ja_jp/forms/about/
SurveyMonkey（サーベイモンキー）	https://jp.surveymonkey.com/
Questant（クエスタント）	https://questant.jp/

図5-6 代表的なアンケートツール

> Chapter

6

> Chapter

SNSアカウントの
運用体制を社内で
構築しよう

Chapter 6 では、社内における SNS アカウントの運用体制の構築方法
や、作成するとよいドキュメントについて解説します。SNS アカウン
トの運用はたった 1 人ではなくチーム体制で、さらにいえば会社全体
で進めていきましょう。

SNSアカウントの運用は「たった1人」ではなく「チーム体制」で!

属人化してしまうことによる問題点

　SNSアカウントの継続的かつ効果的な運用のためには、**全社的な理解・協力が必要**です。全社的に自社のSNSマーケティングで目指す目的・ゴール、戦略、どの部署がどのように活動するのか、今後どのようなリスクが想定されるのか、そしてどう対応すべきなのかなど、事前に周知し、ぶれない運用体制を構築する必要があります。

　しかしその一方、SNSでのマーケティング活動は非常に個人的な活動に見える面がある上にSNSリテラシーが求められるため、**属人化しがち**です。

　けれども、「たった1人の担当者」がSNSマーケティング、特にSNSアカウントの運用を続けることには多くのリスクが伴います。どんなリスクがあるのか、以下で確認していきましょう。

■担当者の作業負荷が大きい

　SNSアカウントの担当者の業務は多岐にわたります。日々のネタ探しから実際のSNS投稿はもちろん、「ファン・フォロワーとのコミュニケーション」や「SNS広告・SNSキャンペーンの企画と実施」「定期的な効果測定」「炎上予防・炎上対策」など、たった1人ですべてをこなすのは時間的にも能力的にもかなり負荷が高いといえるでしょう。

　しかも、「自分が休むとSNSアカウントの運用がストップしてしまう」という責任感から、体調不良でも無理をしてしまう、休日返上でSNSアカウントの運用を続けてしまう担当者もいるようです。

■担当者不在時には運用がストップ

担当者が孤軍奮闘している場合ほど、担当者が休暇・異動・退職などで不在になるとSNSアカウントの運用がストップしてしまいます。

担当者の休暇ならまだしも、異動や退職でSNSアカウントの運用がストップし、後任の担当者が決まらないまま、結局SNSアカウントが休止・閉鎖になってしまった残念なケースも珍しくありません。

■社内にノウハウ・知見が蓄積されない

SNSアカウントの運用業務が完全に属人化していると、具体的な業務手順やルールなどがドキュメント化されていないケースも多く、結果的に社内にそのノウハウ・知見が共有・蓄積されません。

また、業務内容やルールがドキュメント化されていたとしても、その内容が不十分な場合には、「作業を代行した従業員が、そのSNSアカウントの『いつものトーン＆マナー』からずれた投稿をしてしまい、ファン・フォロワーに違和感を覚えさせてしまった」「炎上などトラブルが発生したが、対応フローが決まっておらず社内が混乱した」といった状況が発生するリスクもあります。

■炎上予防対策が希薄に

担当者が1人で投稿案を考えてそれをそのまま投稿する体制では、十分な校正・校閲が行われず、結果的に炎上などのトラブルにつながるリスクがあります。投稿案作成者とは別のメンバーによる校正・校閲を行ったり、投稿内容の最終確認と承認は上長が行ったりするような体制が望ましいでしょう。

■社内の理解・協力が得られにくい

「SNSマーケティング」も企業のマーケティング活動のひとつであり、企業やブランドが抱えるビジネス課題の解決のために行うものです。いわばSNSマーケティングで目指す目的・ゴール＝企業やブランドの目的・ゴー

ルといっても過言ではありません。その目的・ゴール達成のためには、社内の理解・協力・支援が不可欠です。しかし、「1人の担当者」がひっそりコツコツSNSアカウントの運用を続けているような状況では、社内から認知がされにくい上、「遊んでいるんじゃないか」「趣味の延長でやっているだけだろう」など、冷ややかな視線を向けられてしまうことさえあります。

　以上のような「1人の担当者で運用するリスク」を避け、SNSマーケティングを継続することで確実に目的・ゴールを達成するためにも、**SNSアカウントの運用は社内で「プロジェクト」化し、複数のメンバーによるチーム体制を構築しましょう**。個人に頼らない体制を構築し、責任の所在を明確にすることが必要です。

Section **02**

SNSアカウントを運用する
チームビルディングの進め方

適切かつ柔軟なチームビルディングが不可欠

　SNSマーケティングにおける戦略が決まったら、**早急に社内での運用体制作り**にとりかかりましょう。適切かつ柔軟なチームビルディングが、SNSマーケティングの成功には欠かせません。

　チームビルディングの手順の一例を、以下から説明します。

目的・ゴールに合わせて「メイン担当部署」を決める

　まずは、**社内における担当部署と役割分担を明確にします**。どの部署が中心となるか（主担当となるか）は、その企業のSNSアカウントの運用の目的・ゴールによって異なります。

　たとえば、SNSアカウントの運用の目的・ゴールが「企業・団体の認知度向上」の場合には、広報部や経営戦略室が中心となるのが望ましいです。また、目的・ゴールが「ECサイトへの誘導」の場合は販売戦略部、「既存顧客の満足度向上」の場合はカスタマーサービス本部、というように目的に応じて担当するのが適切かと思います。

目的・ゴール（例）	中心となるべき部署（例）
企業・団体の認知度向上	広報部、経営戦略室
ECサイトへの誘導	販売戦略部、マーケティング部
既存顧客の満足度向上	カスタマーサービス本部 お客様相談室

図 6-1 社内における担当部署の例

もちろん、日々の運用を続けていく中で目的・ゴールや戦略に変更が生じれば、担当する部署も変更できるような柔軟性を持つ必要があります。また、炎上などのトラブル予防や発生時の対応のために、法務部や広報部にもチームの一員として加わってもらうと安心です。

　運用の一部を外部パートナー企業などに委託する場合は、そこに託す役割や責任範囲についてもあわせて整理しましょう。

┃ SNSアカウントの運用チームのメンバーを選定

　担当部署が決まったら、**適任と思われるメンバーを選定しましょう**。最低限必要な役割とスキルセットを検討した上でメンバーを選定し、チーム内での業務分担や責任範囲を明確にします。ちなみに、SNSアカウントの運用チームの人数は平均2.5名くらい（コムニコ社調べ）のようです。

　チームの担当部署と同様、メンバー選定や構成も、SNSアカウントの運用の目的や施策に合わせて最適な形にし、柔軟に変更できるのがよいと思います。図6-2にチームメンバーの構成例を載せておきますので参考にしてください。

　上記以外に、効果測定・レポーティングを専門に行う「データアナリスト」といったメンバーを含める場合もあります。

　1人で何役か兼任したり、逆に1つの役割を複数名で担当しても構いません。全員自社の従業員で構成してもよいですし、社外のプロフェッショナル（SNSマーケティングエージェンシー、ライター、クリエイターなど）をチームに加えるのも有効な手段だと思います。

メンバー	主な業務	スキルセット
メイン担当 （ディレクター）	・プランニング ・投稿コンテンツのクオリティ管理 ・ファン・フォロワーとのコミュニケーション（コメント対応など） ・効果測定 ・社内報告など	・SNS関連最新情報の把握 ・マーケティング全般知識 ・他部署・外部パートナーとのコミュニケーション
サブ担当 （クリエイター）	投稿コンテンツ企画・制作（ライティング、写真撮影、画像デザインなど）	・商品・サービスに対する深い理解 ・目的に合ったライティング能力 ・写真や動画の撮影・加工技術
責任者 （リーダー）	・目標設定・管理 ・投稿コンテンツのクオリティ管理 ・投稿可否の最終決定 ・運用ルール策定	・自社、商品、サービスに対する豊富かつ深い知識 ・社内調整能力 ・プロジェクト管理

図 6-2 チームメンバーの構成例

　Chapter 4の01でも解説しましたが、炎上などのトラブル防止に有効な「投稿コンテンツのWチェック」を行えるよう、メンバーの属性が均一化しないよう気を付けましょう。男女それぞれをメンバーに加える、幅広い年代・異なる部署のメンバーを加える、など幅広い人材を集めてください。

社内のリソース不足解消のため、SNSマーケティングの最新情報や施策を取り入れるためといった理由から外部パートナーに業務を委託するケースも増えています。外部パートナーにはいろいろなタイプがありますので、それぞれの長所・短所も理解した上で、自社に最適なものを選びましょう。

外部パートナー	長所・短所
総合広告代理店	○SNS以外の施策（マス広告など）も含めた総合的なマーケティング支援が可能 △費用感は高め
SNSマーケティングエージェンシー	○SNSおよびSNSマーケティングのニュース・トレンド・ノウハウなどに強い △クオリティや費用感に差
フリーのライター／カメラマン／デザイナー	○比較的低額な予算から依頼が可能 △クオリティに差、希望に合う人を探すのは難しい
（番外）SNS運用支援ツール	○安価 △活用するには基本的なSNSマーケティングの知識が必要

図6-3 外部パートナーのタイプ

外部パートナーを選定する際には、以下を考慮しましょう。

• 頼みたい具体的な業務内容は？
• 予算は？（意外と盲点となる「初期費用」「広告費」も考慮を）
• 譲れないポイントは？（クオリティ、スピード、コストetc.）

たとえば、「パートナー企業」として中長期的にSNSアカウントの運用に加わってもらえる企業を探すのであれば、次の点に留意しましょう。

• SNSの最新情報、トレンド、ノウハウに精通している
• 炎上予防をはじめSNSのリスク対策も相談できる
• 「目的・ゴール設定」から「効果測定」まで任せられる
• 自社従業員以上に、商品・サービスに対する理解（愛）を深めてくれる
• 評判（口コミでの評価）がよい

各社が公表している「事例」も選定時の参考にはなりますが、それはほんの氷山の一角で、実は「公表されていない良事例」のほうが多いのです。そのため、信頼できる人や他企業と「お勧めの外部パートナー」についての情報交換をするようにしましょう。

SNSアカウントの運用体制を社内で構築しよう

運用フロー・ルールなど重要事項はすべて「運用マニュアル」化

チーム体制に大切なもの

　チーム体制に大切なのは、**作業内容やルールのドキュメント化と共有**です。メンバーが休んだり入れ替えがあったりしても業務が止まることなく安定的に続けられるよう、「**運用マニュアル**」をぜひ作っておきましょう。これがあればチーム全体で投稿ルールや作業方針などについて認識合わせができるほか、メイン担当者が不在のときや担当変更が発生したときでも、慌てることなく運用を続けられます。

　以下より、マニュアルに含めるとよいドキュメントを解説していきます。なお、ドキュメント類は「一度作って終わり」というものではありません。チームメンバーの入れ替えが生じた場合や、最低でも1年に1回は内容を見直し、常に最新の内容を保つよう留意しましょう。

運用体制図・担当者連絡先一覧

　社内の担当部署、チームメンバーを「**運用体制図**」と「**担当者連絡先一覧**」としてまとめ、関係者で共有します。担当者が変更される際などは確実に更新するように気を付けましょう。

	氏名	TEL	MOBILE	E-mail
マーケティング部	○○　○○	×××	×××	××@jp
商品企画部	○○　○○	×××	×××	××@jp
広報部	○○　○○	×××	×××	××@jp
パートナー （株式会社○○）	○○　○○	×××	×××	××@jp

図6-4 担当者連絡先一覧の例

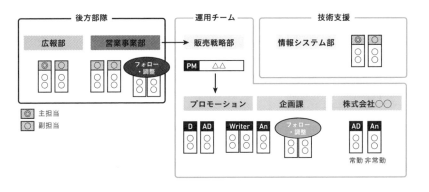

図6-5 運用体制図の例

作業フロー図（月次・週次・日次・随時）

　具体的な作業手順を**フロー図**にすることで、明確にすることができます。月次・週次・日次・または随時発生する個々のタスクを分析し、その流れを時系列に、担当者が明確になるように並べて整理しましょう。

　たとえば図6-6は、「投稿」という1つの作業を、「投稿テーマの企画・策定」から「素材収集」「原稿案作成」「投稿（予約）」まで多岐にわたるタスクに分析し、「いつ」「誰が」「どのような手順で」行うのかを時系列に整理した例です。手書きでもよいのでこうした図を作りチームに共有しておきましょう。「今、誰がボールを持っているのか」「今月の進捗状況は順調か」

「毎月ボトルネックになりがちな作業はどれか」などのチェックにも使えますし、他のメンバーが作業代行する際の引継ぎ資料としても有用です。

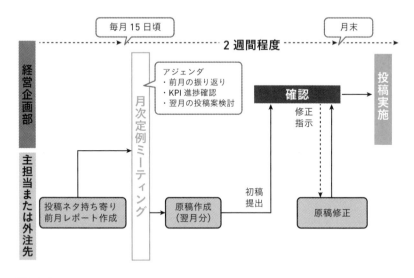

図 6-6　投稿案作成から投稿までのフロー（例）

　また図6-7は、自社のSNSアカウントへの投稿に対して、ファン・フォロワーからコメントが寄せられたときの対応フローをまとめた例です。社外からのメッセージやコメントには、誠意を込めてスピーディーに対応しましょう。あらかじめ想定問答集（FAQ）を用意しておくのはもちろんのこと、新たな質問・苦情などが寄せられれば想定問答集をアップデートし、常に最新の情報を関係者間で共有できるようなフローが大切です。

　企業からの返信が遅かったり返信内容がまずかったりと、企業の対応次第では炎上のきっかけになることもありますので、緊急の場合でも適切かつスピーディーに対応できるようフローを準備しておきましょう。

　図6-7にあるように、コメントの内容によっては電話や直接対応が必要となるケースがあります。お客様サービスセンターやカスタマーサービス本部など、社内の関連部門を巻き込んだフロー作りが不可欠です。

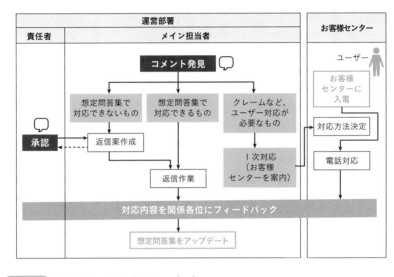

図6-7 コメントへの対応フロー（例）

想定問答集を準備する

ユーザーとのコミュニケーションとして、コメント返信を積極的に行う予定であれば、あらかじめ**想定問答集**を準備するとよいでしょう。想定問答集は、予測されるコメントに対する返信文面を作成しておくものです。社内外で複数の担当者がいても、これがあれば一貫性のある対応をスピーディーに行うことが可能になります。

想定問答集は一度作ってそれきりにするのではなく、日頃の対応内容をもとにアップデートすることで対応に関する効率はますます向上するでしょう。

また、想定問答だけでなく実際のやりとりもログに残しましょう。実際にファン・フォロワーからよく受ける質問・要望・不満は、社内にとっても貴重な資産ですから、関係部署に共有するのがよいでしょう。

No.	大カテゴリー	小カテゴリー	想定質問	回答例
1	商品スペック	価格	価格はいくらですか？	税別5,000円です。
2	ブランド	ネーミング	社名の由来は？	フランス語で「○○」を意味する「△△」が由来です。
3	ブランド	ロゴ	デザイナーは誰ですか？	公表は差し控えさせていただきます。
4	競合比較	○○社	○○社の製品との違いは？	○○社の製品にはない以下の機能を実装しております。 ・◇◇◇ ・★★★
5	Twitter	アカウント	「中の人」は誰ですか？	当社マーケティング本部所属の従業員複数名が、担当しております。

図6-8 想定問答集（例）

作業スケジュール（内容・頻度・担当者）

たとえば、投稿やコメント返信、レポート作成など、各作業の頻度（期限）、担当者もきちんと決めておくことが望ましいです。作業遅れや作業漏れが発生しないよう、担当者全員のスケジュールアプリなどにもアラーム付きで登録して互いの作業状況を確認し合うと安心です。

No.	作業内容	作業頻度	担当者
1	タイムラインへの投稿（情報発信）	1日1回（平日17時）	○○○
2	ユーザー投稿の検閲	1日2回（平日正午・18時）有人監視	△△△
3	ユーザー投稿への返信	1日1回（平日15時）	★★★
4	レポート作成	週次、月次　※月初10営業日目までの提出を想定	●●●

図6-9 作業スケジュール（例）

コンテンツ制作ルール

　少人数のチームであっても、必ず用意したほうがよいドキュメントが「**コンテンツ制作ルール**」です。SNS公式アカウントの投稿のトーン＆マナーは、一貫性＆継続性が大切です。ファン・フォロワーにとっては、「いつもの（中の人の）投稿だ」と感じてもらうことで親しみやすさの醸成、ひいては信頼度の向上も期待できるでしょう。逆に、投稿のたびに言葉遣いや距離感がコロコロ変わってしまうと、実生活同様に「言うことがコロコロ変わる人」「つかみどころのない（ちょっと不気味な）人」という印象を抱かれ、心の距離は縮まりにくいのではないでしょうか。

　だからこそ、「SNS投稿のトーン＆マナーは固定化」が望ましいのですが、複数の担当者（チーム体制）で「一貫性・統一感あるSNS投稿を続けること」は一筋縄ではいきません。お勧めは、「**SNS投稿担当者（中の人）のキャラクター**」を作り、それを担当者間で共有することです。

　具体的には、プロフィール（部署、年齢、性別、性格など）や口調、口ぐせに至るまで、実在する人物であるかのように決めておきましょう。

　もうお気付きかと思いますが、ここで決めておく「中の人」は、「実在する人物」である必要はありません。たとえば、「中の人（の設定）」＝「20代後半・女性・広報部所属従業員」であっても、実際は「40代・男性・マーケティング部」と「30代・女性・営業部」の従業員が投稿を担当して構わないのです。大切なのは、「**ファン・フォロワーにとって『いつもの人』（一貫性・継続性）であること**」です。

　「中の人」のキャラクター設定は、自社のSNSマーケティング（SNSアカウントの運用）の目的・ゴール、自社にとってのペルソナなどを考慮して決めるとよいでしょう。

　以下、「中の人」キャラクター設定シートを参考にして、キャラクターを設定してみてください。

　さらに余裕があれば、「サンプル文例集」も付けておくとよいでしょう。

プロフィール（人物像）	自社従業員（という設定）の場合	部署（広報、宣伝、マーケティング、商品企画／開発、店舗スタッフなど）
		性別（男性、女性、不詳）
		年齢＆在籍年数（20代・新入社員、30代・広報部マネージャーなど）
		性格
		趣味
	企業マスコット／キャラクターなど（という設定）の場合	性別（オス、メス、不詳）
		年齢（または「子ども」「若者」「中高年」「シニア」ではどれに該当するか）
		企業／団体との関係性（従業員、マスコットとして契約、企業のファンなど）
		性格
		特技など
投稿パターン		投稿テーマ（ニュース、キャンペーン、クイズ、日々のあいさつ、トリビアなど）
		投稿頻度
		投稿曜日＆時間
口調（言葉遣いなど）		文体（ですます調、だ調、である調、キャラクター固有の口調など）
		口ぐせ・決まり文句
		使う文字（絵文字、記号、顔文字、アスキーアートなど）
口調（言葉遣いなど）		一人称（私、わたし、僕、ボクなど）
		ファンの呼称（皆様、みなさん、皆さん、君、あなた など）
		書き出し（こんにちは！、おっす！ など）
		締めの言葉（それではまた、バイバーイ、またね など）
		ハッシュタグ（使わない・使う・使う場合の個数・常に使うタグ）
		よく使う言葉
ファン／フォロワー対応		コメントへの返信（個別にする、まとめてする、しない）
		ダイレクトメッセージへの返信（する、しない）
		コメントへの「いいね！」（する、しない）
		フォロー返し（する、しない）
Twitter固有の対応		他の公式アカウントとのコミュニケーション（する、しない）
		ハッシュタグ大喜利など（参加する、しない）
		アクティブサポート（する、しない）

図6-10 「中の人」キャラクター設定シート

04

担当者のモチベーションは「適切な評価」でアップする

「社内からの評価」は欠かせない要素のひとつ

多くの会社では、SNSアカウントの担当者は「兼任」、つまり本業を別にこなしながら、SNSマーケティングにも取り組むことを求められているようです。そんな担当者のモチベーション維持のために、「社内からの評価」はやはり欠かせない要素のひとつでしょう。

以下、「SNSマーケティングの成果・効果」が社内で評価されるために有効と考えられる方法をいくつか挙げておきます。

- SNSマーケティングのKGI・KPIを社内に共有し、効果測定結果も定期的に共有する
- SNSマーケティングに明るくない従業員にも伝わるよう、「リーチ」「インプレッション」「エンゲージメント」など、SNSマーケティングによる成果・効果を、他の施策（「広告」や「PR活動」など）に置き換えた際の費用に換算して社内に共有する
- ユーザーからのコメントやメッセージ、ソーシャルリスニングで得た「生の声」を社内に共有し、活用してもらう
- 数カ月～1年に1回はファン・フォロワーに定期アンケートを実施し、そのアンケート結果を社内に共有し、活用してもらう

以上のように、「SNSマーケティングの成果・効果」が社内で評価されるためには、「数値化・広告費換算」で説得力を与えたり、「有益な情報を社内に還元」することで事業貢献を積極的に行ったりすることが大切です。

とはいえ、担当者は社内からの評価に一喜一憂しすぎるべきではありません。「SNSマーケティングは、必ずしも短期間で結果が出るものではない」ことを肝に銘じ、中長期的に取り組む気力とどっしり構えていられる強い心を持ちましょう。悩めるときこそ「目的・ゴール」に立ち戻り、改めてファン・フォロワーに向き合い、よりよい関係構築に努めるようにしましょう。

Section 05

SNSマーケティングの成功には
社内からの理解・協力も必須

「社内からの協力が得られない」ケースと対策

　「SNSアカウントの運用」は、属人化させず適切かつ柔軟なチーム体制で進めることが肝要であると説明しましたが、誤解を恐れずにいえば、「SNSアカウントの運用」は、一部の従業員だけでなく、**社内全体で取り組むべき業務**といえるでしょう。こうした理想形を実現するためには、社内から正しい理解と適切な協力を得ることが必要です。

　以下に、「社内からの協力が得られない」ケースと対策をいくつか挙げておきます。

ケース1

　業務時間中におけるSNSアカウントの運用業務（投稿など）を禁止される、「遊んでいる」と非難される。

対策

　「SNSマーケティングの重要性」に対する理解が社内でまだ進んでいない段階だと思われます。SNSとはどんなサービスで、「なぜ、今SNSが人気なのか」「なぜ、今企業がSNSマーケティングに取り組むべきなのか」について、**特に意思決定者を中心に周知させるよう努めましょう**。

　また、「自社のSNSアカウントが存在し、日々運用されていること」が社内であまり認知されていない可能性もあります。SNSアカウントのファンやフォロワーは「まず社内から増やす」ことが大切と心得て、**社内への告知も忘れず積極的に、そして継続して続けましょう**。

　SNSアカウントの運用の担当者や予算を増やしてもらえない。

対策

　「1人の担当者」、属人化されたSNSアカウントの運用によるリスクが社内で理解されていない状況と考えられます。本章で解説した「SNSアカウントの運用の属人化によるリスク」と、チーム体制の大切さを意思決定者に根気強く説明し理解を求めましょう。

　予算については、過去施策のマーケティング効果を証明するため、ファン・フォロワーへのアンケート結果や同業他社アカウントとの比較といった「具体的データ」が説得力を高めます。過去施策がまだない場合には、参考になりそうな他社事例（たとえば「SNSが購買貢献につながった事例」）を収集・分析して社内の意思決定者に共有しましょう。異業種企業の成功事例であっても、参考になる・自社でも実施できるヒントがきっと含まれているはずです。

　SNS投稿や各種施策への社内協力・承認が得られない、そもそも自社のSNSアカウントの投稿を従業員が見ていない・反応してくれない。

対策

　「SNSアカウントの運用」が自社のマーケティング施策のひとつとして社内に認識されていない、従業員が「自分事」にできていない状態だと考えられます。できれば、「社内に顔が利き、行動力がある従業員」をSNSアカウントの運用チームに加え、他部署とのコミュニケーションを増やすようにしましょう。SNSアカウントの運用チームメンバーに必須のスキルセットとして「SNSの基本的知識」があることから、つい若手中心のチームになりがちですが、他部署とのつながりを多く持ち社内で推進力や発言力があるベテランもチームに加えるとよいでしょう。

また、情報提供など従業員が協力してくれた際には、**「心からの感謝」を
都度伝えましょう。**さらに、従業員の協力によって得られた成果やファン・
フォロワーからの反応などもフィードバックすると喜ばれます。「忙しい中
わざわざ時間を割いて協力してくれたのだ」という事実は忘れたくないも
のです。

ケース 4

SNSアカウントの運用の目的にそぐわない依頼・要求をされる。

対策

たとえば、「バーゲンの告知」「セミナー集客」「ネットショップの宣伝」
「キャンペーンのPR」などをSNSで発信するよう社内から依頼されるケー
スがあります。「自社のSNSアカウントの存在」が社内で認知されており、
「SNSアカウントからの情報発信」に広告やメールマガジンと同様のプロ
モーション的効果が期待されている状況ともいえるでしょう。

もちろん、SNSで販売促進や集客目的の内容を投稿することは規約違反
ではありませんが、頻度やトーン＆マナーには注意が必要です。宣伝色の
強い投稿を毎日続ければファン・フォロワーの心は離れていくリスクもあ
ります。SNSアカウントの運用の目的・ゴールを担当者は忘れてはなりま
せんし、社内にも理解してもらうことが大切です。

「SNS投稿内容の選定基準・投稿頻度」など具体的な投稿ルールを社内
に公開し、それにそぐわない依頼に対しては丁寧に説明した上で断るよう
にしましょう。

7

SNSの
リスクマネジメント

Chapter 7 では、企業・団体の SNS アカウントの担当者は必ず身に付けておきたい「SNS のリスクマネジメント」について解説します。「攻め」（SNS マーケティング施策）だけでなく「守り」（SNS リスクマネジメント）も押さえておくことで、SNS に潜むリスクから自社を守りましょう。

SNSは「公園のような場所」

SNSにもルールがある

　SNSは公園のような場所です。一般の人たちが友人や家族と交流を楽しむための「公の場」であり、**常に誰かに見られている場であることを理解した上で利用すること**が大切です。公園は誰もが自由に使える場ですが、ルールやマナーがあり、「できること」が必ずしも「やっていいこと」とは限りません。たとえば、「深夜に打ち上げ花火を上げる」「園内で勝手にお店を開いてモノを売る」などの行為は禁じられています。ルールやマナーを破れば、他の利用者から嫌われますし、悪質とされた場合には公園の所有者から立ち入り禁止を言い渡される可能性があります。SNSにも同様にルール（利用規約）があり、暗黙的なマナーが存在します。

　企業がSNS上でマーケティング活動を行う際には、「企業名が書かれた大きな看板を背負って、公園にいる人たちの輪の中に入っていく」姿をイメージしましょう。良くも悪くも、企業アカウントは目立ちます。「SNSは本来、一般ユーザーのためのサービスであり、企業だけのものではない」ことを肝に銘じ、ルールやマナーはきちんと守りましょう。

　そしてもうひとつ気を付けるべきは、「コミュニケーションの取り方」です。皆さんが公園で友人と遊んでいるところに、知らない人から突然セールスを受けたら、どう感じるでしょうか。SNSの世界も現実のコミュニケーションと同様です。いきなりなれなれしくするのではなく、まず自己紹介から始め、徐々に打ち解けていくようにコミュニケーションをとりつつ、ユーザーと良好な関係を構築していきましょう。

Section 02

SNSトラブルの種類と例

SNSでのトラブルを100%防ぐのは難しい

　SNSのルール・マナーにどんなに気を付けていても、SNSでのトラブルを100%防ぐのは難しいのが現状です。総務省の「ICTによるインクルージョンの実現に関する調査研究」（2018年発表）によれば、SNSで情報発信を行う国内利用者のうち、23.2%が「何らかのトラブルにあった」と回答しています。この調査結果から、主な「SNSトラブル」の例を見ていきましょう。

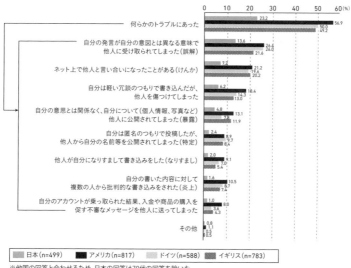

※他国の回答と合わせるため、日本の回答は70代の回答を除いた。
出典：総務省「ICTによるインクルージョンの実現に関する調査研究」（2018）
URL https://www.soumu.go.jp/johotsusintokei/linkdata/h30_03_houkoku.pdf

図7-1 ソーシャルメディアの情報発信者が経験したトラブル

コミュニケーションのすれ違い

当調査では、「自分の発言が意図とは異なる意味で他人に受け取られてしまった（誤解）」「ネット上で他人と言い合いになったことがある（けんか）」「自分は軽い冗談のつもりで書き込んだが、他人を傷つけてしまった」が回答の上位を占めました。こうした「コミュニケーションのすれ違い」によるトラブルは、比較的よく目にするのではないでしょうか。

赤の他人同士、表情が見えない者同士、（匿名利用の場合は）名前や背景も知らない者同士が文字だけでコミュニケーションをとるのは大変難しいことを、一般ユーザーだけでなくSNSアカウントの担当者も理解しておくことが大切です。

個人情報流出

「自分の意思とは関係なく、自分について（個人情報、写真など）他人に公開されてしまった（暴露）」「自分は匿名のつもりで投稿したが、他人から自分の名前等を公開されてしまった（特定）」というトラブルもそこそこあるようです。

SNS上で他人の個人情報、肖像権、プライバシーなどに関わる内容を発信する際は本人の同意が必要ですが、第三者の「悪意」や「SNSリテラシー不足」によって「本人の許可なく」個人情報や顔写真を流出されてしまうことがあります。被害を事前に防ぐことは難しくても、せめて加害者にはならないよう注意が必要です。

アカウント乗っ取り

「自分のアカウントが乗っ取られた結果、入金や商品の購入を促す不審なメッセージを他人に送ってしまった」といったトラブルも起きています。

SNSのID（アカウント名）が盗まれてパスワードが解析されたり、IDとパスワードの両方が盗まれてSNSアカウントが乗っ取られたりすると、被害はそれだけにとどまりません。

　個人的な情報を盗まれるほか、乗っ取られたアカウントからスパムメールを送信され詐欺などに悪用され、知らぬ間に犯罪に加担してしまう危険もあることを知っておきましょう。個人アカウントだけでなく、企業の公式アカウントも乗っ取られないよう、「2段階認証の導入」や「パスワードの定期的変更」といった対策を徹底することが大切です。

なりすまし

　「他人が自分になりすまして書き込みをした（なりすまし）」の回答にあるように、第三者に「偽物アカウント」を作られることで「なりすまし」のトラブルに巻き込まれることがあります。有名人の「偽物アカウント」はよく見られる例ですが、企業の公式アカウントや従業員の個人アカウントでも気を付けるべきトラブルでしょう。

ネットストーカー／ネットリンチ

　実世界での「ストーカー」「いじめ」などにほぼ等しいトラブルが、SNSでも発生します。顔も知らないユーザーからダイレクトメッセージ（DM）が執拗に届き、エスカレートすると自宅や勤務先まで押しかけてきたりする場合もあります。個人アカウントだけでなく企業の公式アカウントが被害に遭うリスクもあるので注意が必要です。

　また、犯罪やそれに準じるような非難される言動を起こしたユーザーを大勢で中傷したり、個人情報や、自宅や勤務先を特定してさらしたりする「ネットリンチ」も頻発しています。企業そのものや従業員が被害に遭う可能性もゼロではありません。

フェイクニュース(デマ)/風評被害

こちらにまったく非がない場合・無関係の場合でも、第三者によってフェイクニュース（デマ）や根拠のない中傷をSNSで発信されてしまうことがあります。第三者に悪意があるケースもありますが、単なる誤解や推測がきっかけのケースもあるため、事前に防ぐのは難しいのが実情です。

フェイクニュースには、「新型コロナウイルスの影響でトイレットペーパーが不足するらしい」「RH-AB型の血液が不足しています」「緊急情報！動物園がライオンを檻から逃がした」など、人の良心に訴えたり災害直後の混乱に乗じたりして拡散を狙う類いのものも多くあります。よかれと思って拡散してしまうと、加害者（デマ拡散に加担する側）になってしまうので十分注意しましょう。

SNSアカウント停止

SNSごとに、利用者が守るべきルール（利用規約）がプラットフォーマーから発表されています。企業の公式アカウントがルール違反をすると悪目立ちする上に、悪質とされた場合は立ち入り調査を受けたりアカウント停止処分になったりし、企業のイメージダウンも計り知れません。SNSで何か施策を行う際は必ず**「事前に」当該利用規約を読むようにしましょう。**

SNS	URL
Facebook の利用規約	https://www.facebook.com/policies
Twitter の利用規約	https://twitter.com/tos
Instagram の利用規約	https://www.facebook.com/help/instagram/478745558852511
LINE の利用規約	https://terms2.line.me/official_account_terms_jp
YouTube の利用規約	https://www.youtube.com/t/terms
TikTok の利用規約	https://www.tiktok.com/ja/terms-of-use

図7-2 各SNSの利用規約

情報漏えい

「発表前のリリース情報」「取引先や顧客に関する機密情報」「開発中の新製品に関する情報」「来店した有名人についての情報」など、従業員による不用意なSNS投稿によって情報が漏えいすると、企業にも損害が生じます。防止するには、従業員のSNSリテラシーとモラル向上が急務でしょう。

炎上

SNSトラブルの中でも深刻なもののひとつが「炎上」です。前述のトラブルはどれも、最悪の場合は「炎上」に発展してしまうリスクがあります。炎上が起きると、問い合わせやクレームに対応する必要があることに加え、企業やブランドのイメージ低下・売上低下など、受けるダメージは計り知れません。

現代は「炎上しやすい時代」といわれ、正当な批判に限らず、誤解・嫉妬・極端な正義感・言いがかりなどがきっかけでも炎上が起きており、完全に防ぐことは難しいのが実情です。自社でSNSアカウントを運用している／いないにかかわらず、炎上のメカニズムを知り、「予防策」「早期発見＆鎮火策」をとる必要があるでしょう。

「炎上」の発生プロセス

炎上の発生プロセス：火種から拡大まで

　総務省『令和元年版 情報通信白書』では、炎上とは「ウェブ上の特定の対象に対して批判が殺到し、収まりがつかなそうな状態」「特定の話題に関する議論の盛り上がり方が尋常ではなく、多くのブログや掲示板などでバッシングが行われる」状態であるとし、2011年を境に急増しているといわれています。

　日々ニュースを騒がす炎上ですが、その発生から拡大まではおおよそ同じ流れをたどります。「火種」が生まれ、それがソーシャルメディア（SNS、ブログ、匿名掲示板など）に投稿され、多くのユーザーにシェアやリツイートされることで拡散し、まとめサイトやネットニュースなどに掲載されて炎上スピードが加速。最終段階では、テレビや新聞などのマスメディアでも取り上げられ、世間一般に広く知られることとなってしまいます。

STEP 1	炎上のきっかけとなる事象発生（オンライン／オフライン）
STEP 2	Facebook、Twitter、Instagram、匿名掲示板などに投稿される
STEP 3	STEP 2で投稿された内容を一部ユーザーが話題化し、拡散される
STEP 4	STEP 2で投稿された内容をインフルエンサーが話題化し、多くのユーザーに拡散される
STEP 5	STEP 1の事象の説明やSTEP 2〜4での話題化・拡散の経緯を「まとめサイト」「ネットニュース」が掲載
STEP 6	「まとめサイト」や「ネットニュース」の記事を閲覧したユーザーが話題化し、さらに拡散される
STEP 7	マスメディアに取り上げられ、世間一般にも認知される

図 7-3　炎上発生〜拡大のプロセス

STEP 1 炎上のきっかけとなる事象発生

炎上の発生には、何かしら「原因」（火種）が存在します。企業が巻き込まれる可能性のある炎上の原因は、次の5パターンに分けることができます。

	SNS内 （オンライン）	SNS外 （オフライン）	巻き込まれ炎上
企業	・公式アカウントの不謹慎な投稿 ・公式アカウントの誤投稿（誤爆）①	・不祥事、商品／サービスの欠陥など ・センシティブ（デリケート）なテーマを扱った広告・宣伝③	⑤ ・デマ・フェイクニュース ・第三者による誤解・憶測
従業員	・公序良俗に反する投稿 ・機密情報や他人の個人情報を投稿 ・フェイクニュースの拡散②	公序良俗に反する言動④	

図7-4 炎上の原因となる5つのパターン

STEP 2 Facebook、Twitter、Instagram、匿名掲示板などに投稿される

STEP 1で挙げた事象を、「本人」や「第三者」がSNS（Facebook、Twitter、Instagramなど）や匿名掲示板（5ちゃんねるなど）に投稿したり、拡散（シェア・リツイート）したりします。

投稿者本人は「友人限定」でSNS投稿したものが、第三者によって保存・拡散され、「全体公開」されてしまうケースも多くあります。

また、STEP 1とSTEP 2にはタイムラグが発生することもあります。たとえば、数年前や数十年前の失言や不祥事が、ある日突然「発掘」されて、炎上してしまうケースが存在するのです。一度でもインターネット上にアップロードされたテキスト・画像・動画は半永久的に消えないため注意が必要です。

STEP 3 STEP 2で投稿された内容を一部ユーザーが話題化し、拡散される

STEP 2の投稿が他のユーザーの目にとまって、コメント・返信が付け

られたり、シェア・リツイートされたりすると、そのユーザーとつながっている他のユーザー（ファン・フォロワー）に伝わります。そしてまたコメントされたりシェアされたりを繰り返すことで、どんどん多くのユーザーの目に入ることとなります。

STEP 4　STEP 2で投稿された内容をインフルエンサーが話題化し、多くのユーザーに拡散される

　インフルエンサーが、当該投稿にコメントしたりシェアしたりすると、インフルエンサーとつながっている数万〜数十万のファン・フォロワーに伝わり、ますます広がっていきます。

STEP 5　STEP 1の事象の説明やSTEP 2〜4での話題化・拡散の経緯を「まとめサイト」「ネットニュース」が掲載

　SNSで話題化が進み、ライターや記者たちの目にとまると、「まとめサイト」や「ネットニュース」に炎上の経緯や共感を集めている批判コメントなどがまとめて掲載されてしまう場合があります。高いPV（ページビュー）を持つこれらのサイトに掲載されてしまうことで、ますます多くのユーザーに「炎上」として認識されることとなります。

STEP 6　「まとめサイト」や「ネットニュース」の記事を閲覧したユーザーが話題化し、さらに拡散される

　「まとめサイト」「ネットニュース」で炎上に関する記事を読んで興味を持ったユーザーは、炎上している投稿やコメントを実際に見に行き、自分も批判コメントを付けたりリツイートしたりします。これによりますます炎上の認知が広がっていきます。

STEP 7　マスメディアに取り上げられ、世間一般にも認知される

　炎上の最終ステップは、テレビや新聞・雑誌などのマスメディアに取り上げられることです。ニュースやワイドショー、雑誌の特集などで大きく

扱われてしまうことで、「炎上」はSNSやインターネットという枠を超えた「社会的事件」として日本中に知れ渡り、あらゆる世代・属性の国民の記憶に残ることになります。

　ここまで来ると、拡散を止めることはもはや不可能であり、炎上に巻き込まれた企業や個人は金銭的にも社会的にも甚大な損失を被る可能性が非常に高いです。

　以上が、基本的な炎上の発生プロセスです。どんな炎上もほぼ同じ流れで発生・拡大し、段階が進めば進むほど鎮火は難しくなります。そのため、炎上対策は「**早期発見・早期対応**」が非常に重要といえるでしょう。

「炎上」予防策
（炎上さしすせそ 他）

企業のSNSアカウントの担当者が持つべき「炎上への心構え」

　従業員や企業は、どんなに慎重にSNSを利用していても、また、たとえSNSを利用していなくても、ある日突然、炎上に巻き込まれる可能性があります。現在は、炎上を100％防ぐことはできない時代なのです。

　企業のSNSアカウントの担当者の心構えとしてはまず、「**炎上を100％防ぐことはできない**」「**どんな企業・団体でも炎上に巻き込まれるリスクはある**」**と認識すること**です。そして、前述の「炎上の発生プロセス」を頭に入れておくことが大切です。そうすることで、炎上の火種を早期に発見しやすくなりますし、もし自社の公式アカウントが炎上した場合でも、落ち着いて、スピーディーに適切な対応をとることができるでしょう。

　さらに、企業のSNSアカウントの担当者が行うべき炎上予防策を3つ紹介します。

■「防げる炎上」は徹底的に防ぐ

　炎上を100％防ぐことはできませんが、「防げる炎上」は存在します。具体的には、図7-4に挙げた炎上の原因のうち、①・②・④のパターンのものは、ある程度予防が可能といえるでしょう。

　企業のSNSアカウントの担当者が行える具体的な予防策としては、SNS投稿内容の徹底的な校正・校閲が有効です。以下にチェックリストを挙げておきますので、自社の公式アカウントの投稿内容のチェックに活用してください。

■チェックリスト（表現編／校正）
□誤字・脱字・衍字（余り字）のチェック

　投稿案を作った本人はこれらのミスに気付きにくいので、他のメンバーにダブルチェックしてもらうのがベストです。自分でチェックする場合は半日や一晩時間を置いてから行いましょう。

□外国語のスペル・カタカナの表記チェック

　スペルミスのチェックはもちろん、カタカナ表記もミスしやすいので要注意です（例：シミュレーション（○）／シュミレーション（×）、テザリング（○）／デザリング（×）、バゲット（パンの種類)／バケット（バケツの意））

□機種依存（環境依存）文字のチェック

　「機種依存（環境依存）文字」は、丸囲み数字、ローマ数字、省略記号など、ユーザーの環境によっては正しく表示されない文字です。本来伝えたい情報が誤った形でファン・フォロワーに伝わるリスクがありますので、使用は避けましょう。

□固有名詞のチェック

　社名・商品名・地名・人名など固有名詞の表記間違いはトラブルの原因になります。固有名詞は手入力せず、信頼できるWebページからコピー＆ペーストすることを徹底しましょう。

□URLのチェック

　投稿文中のURLは必ずクリックして、正しいWebページに遷移するか事前に確認しましょう。テストページや未公開ページのURLを投稿してしまうミスも頻発していますので、URLの文字列にも注意が必要です。

■チェックリスト（内容編／校閲）

□正しいか（間違っていないか、だまされていないか）

日時（曜日もずれていないか注意）、金額、固有名詞などが正しいかしっかり確認しましょう。また、投稿内容の信憑性は高いか、デマ・フェイクニュースではないかについてもファクトチェック（事実確認）が必要です。

□法令遵守しているか

投稿内容が「著作権」「商標権」「肖像権」「薬機法」「景品表示法」などに抵触していないか確認することが大切です。

□誤読される可能性が低いか

誰が流し読みしても内容を正しく理解できるかどうかを確認しましょう。「人によって解釈が分かれる」表現は避けるのが賢明です。

例：

- 「週末」という言葉は、人によって「金曜」「金曜と土曜」「土曜と日曜」「金曜から日曜」と解釈が分かれるため、別の表現に変更するのが望ましい
- 「私はAさんとBさんに会いに行った」という文は、「私は、AさんとBさんの2人に会いに行った」ともとれますし、「私とAさんが一緒に、Bさんに会いに行った」ともとれるため、語順を変えるなどの推敲が必要

□炎上しやすいトピックを含んでいないか

企業の公式アカウントは、公序良俗に反する内容（例：過去の犯罪自慢など）を絶対にSNSに投稿すべきではありません。万一投稿すれば、当然炎上するでしょう。一方、SNSには、一見問題なさそうだが実は「炎上しやすいトピック」がいくつか存在します。それらをSNSエキスパート協会がまとめたものが「炎上さしすせそ」です。企業の公式アカウントの投稿では、これらのトピックを極力避けるようにしましょう。

「炎上さしすせそ」

さ：災害・差別

し：思想・宗教

す：スパム・スポーツ・スキャンダル

せ：政治・セクシャル（含LGBT・ジェンダーなど）

そ：操作ミス（誤投稿／誤爆）

いくつかのトピックについて、説明を加えておきます。

● 「災害」

　大地震や台風による洪水など甚大な自然災害が発生した直後は、SNS全体が炎上しやすい状況になりますので、投稿は中止または延期したほうが賢明です。通常通りの投稿をすると「不謹慎」「無神経」、避難生活に役立つ自社商品の紹介投稿をすると「便乗商法」、お見舞い投稿をすると「偽善的」と、どんな内容の投稿に対してもネガティブな反応が集まり、炎上するリスクがあるためです。

　また、過去に大きな災害が発生した日や戦争に関連する日など、「多くの日本人が悲しい記憶を呼び起こされる日」も、「炎上危険日」といえます（例：1月17日、3月11日、8月6日、8月9日、8月15日など）。これらの日も、特別な理由がなければ投稿を中止または延期するのが賢明です。

● 「スポーツ」

　意外かもしれませんが、スポーツのように「熱狂的なファンがいる」ジャンルは炎上しやすい傾向があります。なぜなら、熱狂的ファンがいるジャンルには「熱狂的なアンチ」も存在することが多いためです。

　皆さんの企業がスポンサーをしているスポーツチームや選手、SNSアカウントの担当者が個人的に応援しているスポーツチームや選手を応援する

ような投稿をする際は、そのアンチによって炎上を起こされるリスクにも
注意しておきましょう。

- 「セクシャル」

みだらな内容はもちろん投稿すべきではなく、炎上リスクが高いことは
いわずもがなかと思います。さらに、LGBTをはじめとする性的マイノリ
ティに関するトピックや、ジェンダー（社会的・文化的性差）に関するト
ピックも、企業が公式アカウントで発信するトピックとしては炎上リスク
がありますので、避けておくのが賢明です。

- 「操作ミス」（誤投稿／誤爆）

SNSアカウントの担当者が個人のSNSアカウントで投稿しようとした
内容を、誤って会社の公式アカウントで投稿してしまった結果、炎上する
ことがあります。SNSに慣れていると思われる企業の公式アカウントで
も、ときどきこんなミスを犯しているのを目にします（筆者は月に1回程
度は目撃します）。

ほとんどのケースは、スマホで投稿する際にSNSアカウントの切り替え
を誤ったために起きたものと考えられます。こうした操作ミスを防ぐには、
「投稿に使うデバイスを分ける（公式アカウントでの投稿は会社のPCか
ら、プライベートの投稿は個人所有のスマホから）」「公式アカウントへの
投稿が終わったら、すぐログアウトする」といったルールの徹底が効果的
です。SNS運用支援ツールの導入も、こうした操作ミス防止に役立ちます。

｜「徹底的に防ぐ」ために大切なこと

前述したような投稿内容の校正・校閲は、ダブルチェック体制、つまり、
投稿案作成者とは別のメンバーが行うようにしましょう。理由のひとつは、
自分が書いた文章の誤りを自分で見つけることは意外と難しいためです。
もうひとつの理由は、なるべく多面的な視点からチェックすることで「炎

上しそうな表現」を洗い出すためです。この観点からダブルチェッカーを選ぶ際には、「性別」「年代」「属性」などが、**投稿案作成者と異なるメンバーを基準とするのがよいでしょう**。

また、通常なら何の問題もない投稿も、投稿直前に発生したネガティブなニュースや、世論の変化などの影響で炎上してしまうことがあります。SNSアカウントの担当者は、常に世の中の風潮やトレンド、ニュースに敏感であることも、炎上予防には大切なことといえます。

炎上に備えておく

「防げる炎上」がある一方で「防げない炎上」もあります。**「どんなに気を付けていても、炎上は起きるもの」と心得て、炎上に備えておくことが**大切です。具体的には、次のような備えをお勧めします。

■社内向け「SNS利用ガイドライン」策定

従業員の言動がきっかけで炎上が発生することもあります。従業員向けに（業務・プライベート問わず）SNSを使う際の心構えや注意点、トラブルが起きた場合の社内緊急連絡先や対応方法などをまとめた**「SNS利用ガイドライン」**を作り、社内に共有しておきましょう。従業員一人ひとりが危機管理意識を高めることで、炎上予防につながるだけでなく、万一、炎上に巻き込まれた場合にも企業として適切な対応をスピーディーにとることができます。

■社内向け「SNSリスク対策研修」などの実施

社内向け「SNS利用ガイドライン」を配布するだけでは、忙しい・時間がないなどの理由で読まない／読めない従業員がいるため全社的に浸透させるのは難しいことも多いようです。そこで、お勧めなのが**「SNSリスク対策研修」の実施**です。研修の最後に「確認テスト」を受けてもらう形にすれば一層効果的だと思います。こうした「SNSリスクマネジメント」系

のセミナー・研修（座学形式・オンライン形式）を提供する社外サービスを利用するのもよいでしょう。

■社外向け「コミュニティガイドライン」策定

　SNS上での自社の行動指針などを社外に示す「コミュニティガイドライン」を作り、SNSのプロフィール欄や自社Webサイト上に掲載しておきましょう。内容としては、SNSアカウント開設の目的や自社のSNS運用方針、（ファン／フォロワーを含む）インターネットユーザーとよりよいコミュニケーションを実現するために守って欲しいSNS上での注意事項などを明記します。

　炎上やトラブルを抑止する効果があるとともに、免責事項を明記しておくことで、たとえば自社SNSアカウントの投稿に第三者から不適切なコメントが書き込まれた場合に、削除や非表示対応といった適切な対応を迅速に行うことが可能となります。

■社内のトラブル発生時の「緊急対応フロー」策定

　炎上をはじめSNSトラブルが発生した際の「緊急対応フロー」を作り、関係者で共有しておきましょう。トラブルの種類や原因によって「どの部署の誰が」「どんな判断／対応をするか」などを、社内の関係部署と協議して決めておきます。社内外関係者の緊急連絡先も共有しておくとよいでしょう。

■ファン／フォロワーとの良好な関係作り

　SNSアカウントの運用を通じて、日頃からファン／フォロワーと良好な関係が築けていると、炎上発生時に心強い味方になってくれたり、炎上につながりそうな事態が起こっても炎上に至ることなく収束したりする場合があります。SNSアカウントの運用においてはファン／フォロワーとの良好な関係、信頼関係が築けるようなコミュニケーションを心がけてください。

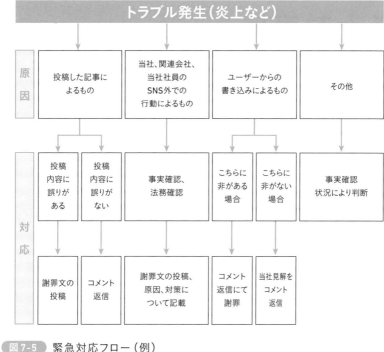

図7-5 緊急対応フロー（例）

炎上対策は
「早期発見・早期対応」が肝

炎上を早いタイミングで発見する

炎上対策で大切なのは「**早期発見・早期対応**」です。「**早期発見**」するために効果的な施策として、「**モニタリング（監視）**」があります。炎上や炎上の火種を早期発見するために、24時間365日体制（例：4時間おき・6時間おきなど）で実施するのがモニタリング（監視）です。具体的には、次のような方法があります。

- 目視で行う（社名・商品・サービス名などでSNS検索、「Yahoo! リアルタイム検索」を使う、Googleアラートを使う、など）
- モニタリングツール、SNS管理ツールなどを使う
- モニタリング専門業者に外注する

モニタリングの結果、個人情報に関することや誹謗中傷、クレームといった炎上の火種となりそうな投稿やコメントが見つかった場合の「対応ルール」「対応フロー」もしっかりと決めておきましょう。

No.	カテゴリー	詳　細	対応ルール		
			OK	非表示	担当者に連絡
1	個人情報	個人の住所（市町村まで）	○		
2	個人情報	個人の住所（番地まで）		○	
3	誹謗中傷	「バカ」「アホ」「ウザイ」			○
4	誹謗中傷	差別用語		○	
5	クレーム	コールセンターの対応へのクレーム			○

図7-6 モニタリングルールの一部（例）

図7-6のようにして早期に炎上を発見したら、どのように対応したらよいでしょうか。次からは、皆さんの企業または従業員が炎上に巻き込まれた場合にとるべき「炎上対応策」について解説していきます。

「緊急対応フロー」を活用する

あらかじめSNSでのトラブル発生時の「**緊急対応フロー**」を社内で定めておけば、万一のときもスピーディーかつ適切な対応が可能です。「緊急対応フロー」の例は前述しましたが、以下では炎上の発見から対応まで、緊急対応フローの具体的な流れを例示します。

STEP 1 発見

定期的なモニタリング（監視）を行っていれば、少なくとも炎上発生から数時間以内には炎上を発見できます。それより早く従業員や社外の一般ユーザーが目視で発見する場合もあります。

- モニタリング（監視）により発見
- 従業員が偶然発見 → 社内窓口に報告
- 社外からの連絡（電話、メッセージなど）により発見 → 公式Webサイトの「お問い合わせ」やSNS公式アカウント宛てに報告

STEP 2 報告 → 共有

「炎上発生」の報告を受けたら、まずは気持ちを落ち着け、誤報でないことを確かめましょう。そして緊急対応フローに従い、社内の危機管理チーム（例：法務室・広報部など）に速やかに連絡します。

STEP 3 状況確認

どこで（Twitter？　匿名掲示板？）、どの程度の炎上（批判や誹謗中傷コメントは何件くらいか、クレームの電話が入っているのか、など）が起

きているのかを確認しましょう。炎上による被害が甚大な場合は、弁護士や警察への相談も検討します。損害賠償請求や刑事告訴を検討する必要があれば弁護士に、脅迫やストーキング行為などを受けているような状況であれば警察に相談するのがよいでしょう。なお、誹謗中傷投稿がある場合には、その投稿および投稿者プロフィールをURLとともにキャプチャ保存しておきましょう（法的手段をとる際のエビデンスとして役立ちます）。

STEP 4 原因分析

　炎上が発生した原因を調べましょう。あわせて、その炎上は「自社／従業員に非があるのか、ないのか」を確認し、次の3つのどれに当てはまるか判断しましょう。

- 「自社／従業員に非がある」ことが明らかな場合
- 「自社／従業員に非があるかどうか」調べないとわからない場合
- 「自社／従業員に非がない」ことが明らかな場合

STEP 5 対応

　前述した3つのケースごとに、適切な対応例を例文とともに解説していきます。

「自社／従業員に非がある」ことが明らかな場合

　「公式アカウントによる投稿に誤りがあった・不適切な内容が含まれていた」「自社商品に欠陥があった」などが理由で炎上している場合には、特にスピーディーかつ誠実な対応が望ましいでしょう。早急に「原因」と「再発防止策」を確定し、「おわび＋炎上原因の開示＋再発防止策の提示」を行います。

例文

　★月▲日（●）に当アカウントが行いました投稿に誤りがございました。以下の通り修正させていただくとともに、ご迷惑をおかけしましたことを深くおわび申し上げます。

　（誤）写真はベイブリッジ
　（正）写真はレインボーブリッジ

　このたびの誤りは、担当者が写真を見てベイブリッジであると思い込み、弊社内でダブルチェックすることなく投稿したことが原因です。今後はダブルチェック前の内容は決して投稿できないフローに修正し、再発防止に努めて参ります。

　なお、原因特定や再発防止策の策定に時間がかかる場合には、**まずは1次対応を迅速に行っておきましょう**。特定や策定に追われている間にも炎上がどんどん拡大するリスクがあるためです。
　1次対応の具体的な内容としては、「限定謝罪」（部分謝罪）、すなわち、関係者や世間に迷惑をかけていることについて謝罪します。経緯確認や再発防止策が確定したら、改めて正式な謝罪とともに発表しましょう。

1次対応 例文

　12月■日〜★日に当アカウントで実施しました「★特製カレンダー★プレゼントキャンペーン」において、ご当選者にお届けしたカレンダーの一部に「6月が31日まで印字されている」ものがあるとのご指摘がありました。現在、原因究明などを急いでおりますので、判明次第改めてご報告させていただきます。ご当選者の皆さまにご迷惑おかけいたしましたことをおわび申し上げます。

- 「自社／従業員に非があるかどうか」調べないとわからない場合

　「Aという従業員が、B駅で他の乗客に暴力を振るっていたらしい」など、事実かどうか確認が必要な内容が理由で炎上している場合、まずは**事実確認**を早急に行いましょう。

　事実確認を行っている間も炎上はどんどん拡大する危険性がありますので、このケースでも、まずは迅速な1次対応、具体的には「限定謝罪」（部分謝罪）＋「事実確認を急いで行う意思表示」を行うとよいでしょう。事実確認が完了したら、結果に合わせて「自社に非がある」、「自社に非がない」いずれかの対応を行います。

1次対応 例文

　当社従業員とされる人物が、東京メトロ○○駅の構内にて他の乗客の方に乱暴している動画がインターネット上に拡散しており、皆さまにご不快な思いをさせておりますことをおわび申し上げます。現在事実確認を急いでおりますので、詳細がわかり次第改めてご報告させていただきます。

- 「自社／従業員に非がない」ことが明らかな場合

　悪意ある第三者が風評を流したり、悪意なき誤解や勝手な推測をしたり、デマ・フェイクニュースに巻き込まれた結果炎上している場合は、「自社は潔白」である真実をSNSや自社Webサイトなどできちんと表明しましょう。ただ、自社に非がないとはいえ、世間を騒がせ、顧客や取引先など関係者を不安や不快な気分にさせたことは事実ですので、この場合も限定謝罪（部分謝罪）を入れることも検討したいところです。

例文

　いつも＜ブランド・店舗名＞をご愛顧いただき、誠にありがとうございます。

　現在、当社の従業員とされる人物が、東京メトロ○○駅の構内にて他の乗客の方に乱暴している動画がインターネット上に拡散されておりますが、事実確認の結果、動画に映っている人物は当社の従業員ではないことが判明いたしました。当社のお客様、関係者の皆さまにご心配ご迷惑をおかけしましたことをおわび申し上げます。

　当社としましては、今回の一件を教訓と捉え、全従業員を対象に「SNSリスクマネジメント研修」を実施し、SNSトラブルへの理解と予防に一層努める所存です。今後も変わらずご愛顧賜りますよう重ねてお願い申し上げます。

炎上対応時に気を付けるべきこと

炎上対応時には、次のことに気を付けましょう。

■謝罪文を画像やPDFにしない

「Google検索でヒットしにくいから、炎上の拡大が防げるかもしれない」などの理由から、謝罪文を画像やPDFファイルにして掲載するケースが一時期散見されましたが、これはお勧めしません。「この企業は、炎上を隠ぺいしようとしている」と見られて、かえって炎上がひどくなったり企業イメージが下落したりする危険もあるためです。

■炎上の原因となった投稿やコメントは消さない

炎上が起きると、その原因となった「公式アカウントの投稿」や「社外

ユーザーによるコメント」を慌てて削除するケースが見られますが、これはあまり意味がありません。なぜなら、既に多くのユーザーがスクリーンショットや画面保存をした後である可能性が高く、たとえ削除したとしても、すぐにコピーが出回るからです。それどころか、企業が投稿を削除したことに対して「この企業は隠ぺい体質だ」「逃げるのか」などのネガティブな書き込みが殺到し、ますます炎上が拡大することさえあり得ます。

たとえ公式アカウントの投稿に誤りがあった場合でも、削除して「なかったこと」にするのではなく「訂正＋謝罪」投稿を行うようにしましょう。

■完全に炎上が鎮火するまでは、SNS投稿は自粛する

「炎上を即座に消火する方法」は、残念ながら存在しません。企業ができる最善策は、「時が経ち、人々の記憶が薄れるのを待つ」ことです。そのためにも、炎上が発生したら「完全鎮火するまでSNS投稿は自粛する」ようにしましょう。

鎮火にかかる時間はケース・バイ・ケースです。炎上理由や経緯、累計何人くらいに炎上を認知されたかなどの要素によって変わります。実際、炎上発生から1カ月後にSNS投稿を再開できた企業もあれば、3年間投稿自粛してもなお投稿再開の見込みが立たない企業、結局SNSアカウントを閉鎖せざるを得なくなった企業など、さまざまです。

完全鎮火したかどうかの見極めも難しいものですが、自社名や炎上内容に関連する単語でソーシャルリスニング（エゴサーチ）を行うことで定期的にチェックするといいでしょう。

┃「従業員個人」の炎上対策は「予防」が重要！

従業員が個人で炎上に巻き込まれた場合、本人だけでなく家族や同僚、周りの人間もさまざまな危険にさらされるリスクがあります。さらに所属企業にまで炎上が広がることもよくありますので、従業員一人ひとりの炎上予防が大切です。

以下に従業員用の炎上対応策を挙げておきます。

- **意図せず個人情報が公開されてしまった場合**
  →公開先Webサイトの管理者に速やかに削除依頼を行いましょう。管理者と連絡がとれない場合は、サイトのドメインからプロバイダを調べ、至急削除依頼を行いましょう。

- **嫌がらせや脅迫めいた電話やメール、ストーカー行為など被害がエスカレートしてきた場合**
  →すぐに警察に相談しましょう。

　炎上対応策は一応あるものの、個人が一度炎上に巻き込まれるとダメージが大きい上に、心の傷およびデジタルタトゥーは一生残ってしまいます。つまり、従業員を炎上から守るには「予防」こそが最重要といえるでしょう。

　次ページに「従業員用 炎上予防チェックリスト」を載せておきますので、従業員に配布するなどして活用してください。

> **✎ Memo　デジタルタトゥーとは？**
>
> インターネット上に書き込まれたコメントや画像、個人情報などは一度拡散されるとコピーが次々出回るために完全に消すことが非常に難しく、半永久的にインターネット上に残ってしまうことを「タトゥー」にたとえた言葉です。

■従業員用 炎上予防チェックリスト

＜はじめに＞

□所属企業・団体が用意している、社員向け「SNS利用ガイドライン」の内容を理解していますか？

□利用するSNSの利用規約を読んでみましたか？

＜個人情報の管理＞

□SNSのID（ユーザー名）やパスワードは、第三者の目に触れないように管理していますか？

□簡単に推測されるようなパスワードを使っていませんか？

□二段階認証を設定していますか？

□むやみに占いアプリや診断アプリなどを使っていませんか？

□面識のない相手からの「友達リクエスト」を気軽に承認していませんか？

＜投稿する前の留意点＞

□投稿の公開範囲を変更したり（Facebook）、鍵付きアカウントにしたり（Twitter、Instagram）して、自分の投稿が必要以上に広まらないよう注意していますか？

□業務上知り得た情報や機密情報を投稿しようとしていませんか？

□他人の個人情報や、肖像権・プライバシーを侵害する内容を投稿しようとしていませんか？

□著作権や商標権を侵害する内容を投稿しようとしていませんか？

□信憑性の低い情報（フェイクニュースなど）を投稿したり、拡散したりしようとしていませんか？

□公序良俗に反する内容を投稿しようとしていませんか？

□慎重さが必要なデリケートな内容（例：多くの日本人が悲しい記憶を呼び起こされる内容、熱狂的なファンがいるテーマなど）を投稿しようとしていませんか？

□当人の許可を得ずに、他人が写っている写真を投稿したり他人をタグ付けしたりしようとしていませんか？

□次のいずれかに当てはまる状態で、投稿しようとしていませんか？
「お酒を飲んで酔っている」「眠い」「気分が非常に落ち込んでいる」「とても腹が立ってイライラしている」「とても嬉しい／楽しいことがあって、気分が高ぶっている」

＜日常生活での留意点＞

□公共の場などで、公序良俗に反するような言動をしていませんか？

＜インターネットのリスクを思い出しましょう＞

□世界中の人があなたの投稿を見る可能性があることを理解していますか？

□一度インターネット上に投稿した内容は、半永久的に消えない可能性が高いことを理解していますか？

□プロフィールに本名や所属企業名を書いていなくても、投稿内容や写真から、あなたの個人情報は比較的簡単に特定されてしまうことを理解していますか？

　最後にもうひとつ、SNSアカウントの担当者ができることとして、「**普段からSNSに慣れておく**」ことを付け加えておきます。個人でSNSアカウントを作り、最低でも1日1回はログインして、「今、SNSでは何が話題なのか」「最近、どんな炎上やトラブルが起きているのかなど」を肌で感じておきましょう。SNSアカウントの担当者が「各SNSの雰囲気、世界観、ルールやマナー、トレンドなど」を理解し、「さまざまなタイプの炎上事例を数多く知っていること」は、企業の炎上予防にも間違いなく役立ちます。

2020 年 5 月、あるテレビ番組出演者が死去し、それまで SNS 上で誹謗中傷を受けていた事実が大きく報道されました。この痛ましい一件がきっかけとなり、同様の事態を防ぐべく関係団体や政府が動き出しています。

主要 SNS プラットフォーマーらで構成する「ソーシャルメディア利用環境整備機構」は、次のような加害者を抑制し被害者を救済する取り組みの強化を表明しました。

- 他人への嫌がらせ、名誉毀損や侮辱などを禁止し、利用規約に記載。違反行為を把握した場合は、サービス利用停止の措置を実施
- 健全なソーシャルメディアの利用を促す啓発活動、加害者にならないための情報モラル向上を図る教育などを実施
- 被害者から投稿者の情報開示を求められた場合、各事業者は法令に基づく適切な範囲で必要な情報を提供

また、総務省は「プロバイダ責任制限法」の有識者会議を設置し、誹謗中傷を受けた人が裁判を起こさなくても投稿者の情報開示を受けられる仕組みや、投稿者特定のために開示する情報に電話番号を加えることなどを検討中です。

もちろん、私たち個人一人ひとりがモラルとリテラシーを向上させることも大切です。「加害者にならないこと」（発言には責任を持つ・匿名であっても個人を特定され法的措置をとられることを理解する）、そして「被害に遭った際の対策を知っておくこと」（加害者のプロフィールや誹謗中傷の画像、URL の保存、速やかに専門家に相談など）の啓蒙が不可欠でしょう。

> Chapter **8**

SNS担当者の
お悩み10選

Chapter 8 では、企業・団体の SNS 担当者からよく寄せられる悩みや質問を取り上げて Q&A 形式で解説します。リモート（テレワーク）での SNS マーケティング戦略や、BtoB 企業や個人事業主による SNS 活用など、テーマは多岐にわたりますので、読み物として通読するのもよいですし、自分に必要なテーマのみ選んで読むのもよいでしょう。

A 情報収集に役立つサイトを定期的にチェックしましょう

　SNSやSNSマーケティングは日々変化・進化を続けています。毎日のように新たなトレンドが生まれ、あるものは定番化しあるものは消えていきます。

　さほどトレンドの影響を受けない基本的定義や概念、スタンダードな施策などを学ぶには書籍による学習も効果的ですが、最新情報・トレンドを最も早く仕入れるには、やはりインターネットの活用が欠かせません。

　図8-1に挙げる「**参考になる Web サイト**」を定期的に確認し、情報収集を行うようにしましょう。

		Webサイト
S N S プ ラ ッ ト フ ォ ー マ ー 各 社 の 公 式 情 報	Facebook	• Facebook Newsroom 　https://ja.newsroom.fb.com/ • Facebook for Business ニュース 　https://www.facebook.com/business/news
	Twitter	Twitter ブログ https://blog.twitter.com/ja_jp.html
	Instagram	• Instagram Business ブログ 　https://business.instagram.com/blog • Instagram ニュース 　https://about.fb.com/ja/news/category/instagram/
	LINE	• LINE プレスリリース 　https://linecorp.com/ja/pr/news/ • LINE 公式ブログ 　http://official-blog.line.me/ja/ • LINE for Business コラム 　https://www.linebiz.com/jp/column/ • LINE Developers ニュース 　https://developers.line.biz/ja/news/

	Webサイト
SNSマーケティング関連企業のブログ	• WE LOVE SOCIAL https://blog.comnico.jp/we-love-social • ソーシャルメディアラボ https://gaiax-socialmedialab.jp/ • SMM Lab https://smmlab.jp/ • インスタアンテナ https://insta-antenna.com/
マーケティング業界メディア	• MarkeZine https://markezine.jp/ • Web担当者Forum https://webtan.impress.co.jp/ • AdverTimes https://www.advertimes.com/ • CNET Japan https://japan.cnet.com/ • ITmediaマーケティング https://marketing.itmedia.co.jp/ • DIGIDAY（日本版） https://digiday.jp/ • 日経XTREND https://xtrend.nikkei.com/ • ferret https://ferret-plus.com/ • TechCrunch Japan https://jp.techcrunch.com/

図8-1 情報収集に最適なWebサイト（例）

A メモを残しましょう

　情報収集して得た内容を後日SNS投稿案などに活用したい場合や、オフタイム中に偶然良質な情報に出合った場合、よいアイデアを思いついた場合などは、ぜひ**メモに残しましょう**。

　次に挙げるように、アナログな方法からSNSを活用する方法まで手法はさまざまあります。自分に合うものを試してみてください。

- ノートやメモ帳に記入
- メモ用アプリに保存
（例）
  - ・スマホなどの純正メモアプリに記録
  - ・Evernote
  - ・Google Keep
  - ・Microsoft OneNote
- スマホの音声メモやレコーダーに録音
- スマホにスクリーンショットや画像として保存
- 自分宛てにEメールで送る
- 自分だけのLINEグループを作り、そこで投稿する
- Twitterで（誰にもフォローされていない）鍵付きアカウントを作り、ツイートする

Q 情報収集に費やせる時間があまりありません

A チームメンバーと分担＆情報共有すればより効率アップ

1人での情報収集には限界がありますので、**社内のSNS担当チームのメンバーで分担する**のもひとつの方法です。たとえば、それぞれが「自分の担当するサイト」を定期的にチェックし、気になった情報や他のメンバーにも業務上ぜひ知っておいてもらいたいと思う情報があればシェアするルールにしておくとよいでしょう。

具体的なシェアの方法を以下にいくつか挙げておきます。

（例）

- Eメールでシェア
- LINEのグループでシェア
- Facebookにメンバーだけの「秘密のグループ」を作り、そこでシェア
- チームコミュニケーションアプリを使ってシェア
  - ・Microsoft Teams
  - ・Slack
  - ・Chatwork
  - ・LINE WORKS

メールマガジン（メールニュース）や Googleアラートを活用する

次に挙げるような**プッシュ型のサービス**を使って最新情報を効率よく入手するのもよいでしょう。

- メールマガジン（メールニュース）
前述したWebメディアなどでは、「サイト更新情報」をメールで届けてくれるサービスが存在するものもあります。

- Google アラート（https://www.google.co.jp/alerts）

　「Google アラート」を作成しておくと、特定のトピック（キーワード）に関する新しいコンテンツが見つかったときに、その情報をメールで受け取ることができます。

Q 情報収集はインターネットだけで十分では
ないのでしょうか？

A インターネットからだけだと情報の偏りが生じてしまいます

インターネットからの情報収集に潜む罠

　最新情報を無料で得られる、早く得られる、移動中でも手軽に情報収集
できるなど、Webページやメールを活用した情報収集にはメリットが多く
あります。しかしその一方で、次のようなデメリットも存在していること
にも留意しましょう。

● 無意識のうちに「自分が共感する」「自分が興味を持っている」情報ばか
　りを優先的にインプットしてしまう・信じてしまう

　これは、2011年にイーライ・パリサーが提唱した「フィルターバブル」
という状態です。SNSのアルゴリズムやインターネットでの検索履歴が
「フィルター」となって、似たような情報ばかりが表示される状態となり、
まるで「泡（バブル）」の中にいるように「自分が見たい情報」しか見えな
くなってしまうリスクがあることを覚えておきましょう。

● いわゆる「ネット世論」を一般世論と同等だと誤認してしまう

　いつもSNSをはじめインターネットの世界に浸る生活を送っていると、
インターネット上の世論を「一般（実世界の）世論」とほぼ同等のものに
感じてしまうことがありますが、これは正しくありません。実際は、「一部
の」「能動的に述べられた意見」のみが反映されたものが「インターネット
世論（ネット世論）」なのです。

　こうした、情報収集時の「情報の偏り」「誤認識」を防ぐためにお勧めし
たいのは、**さまざまなチャネルからの情報収集**です。企業のSNS担当者で

あればぜひ、次に挙げたチャネルを出来る限りチェックしてみましょう。

- テレビ（トレンド情報、ニュース、人気のドラマやアニメ）
- 新聞（可能なら複数紙を。時間がなければ見出しや1面だけでも）
- ベストセラー（漫画からビジネス書までジャンルを問わず）
- 雑誌（自社のペルソナが読みそうな雑誌、自分が普段あまり読まないジャンルの雑誌にも目を通してみる）
- ラジオ（他の作業をしながらでも情報収集しやすい点もメリット）
- 会話（年代・性別・属性が違う人との会話からも得られるもの多数）
- 話題のスポット、レストラン（五感で感じるものを得る）

　オンラインとオフラインを行き来しながらの情報収集は、慣れてくるととても楽しく充実した時間になるはずです。常に、アンテナは高く、頭は柔らかく。世の中のトレンドの変化を楽しみながら、情報収集・インプットを続けていきましょう。

Q SNS 施策に関する会議などを Web 会議（ビデオ会議）で
行いたい

A ツールの特徴を理解して最適なものを選択しましょう

　毎週・毎月行うような定例会議（前週・前月の振り返り、効果測定、レポーティングなど）は、Web会議（ビデオ会議）で行うことが可能です。

　Web会議ツールの例としては、次のようなものが挙げられます。私がよく使っているのはZoom、Google Meet、Microsoft Teamsあたりですが、皆さんにとって使い勝手のよいものを選ばれるとよいでしょう。さまざまな比較記事もインターネット上に多く展開されているようです。

お勧めのWeb会議ツール

- Zoom
- Google Meet
- Microsoft Teams
- Messenger Rooms
- Skype

Web会議を成功させるポイント

　便利であることから普及してきたとはいえ、Web会議にも、だらだら続けがち、対面より意思の疎通が難しいなど「**弱み**」は存在します。次のポイントを参考にしてみてください。

- 資料は事前に共有し、会議までに各自が目を通しておく
- 会議冒頭で「目指すゴール」「所要時間」を確認する
- 会議終了5分前には「ラップアップ（話し合った内容の要約・次のステップの確認・各自の持ち帰るToDoの確認など）」を始める
- 議事録は、Googleドキュメントを使って参加者全員と共有しながら

会議中に作成する

- 程よい緊張感を保つため、「ときどきはカメラON」「全員が必ず1回は発言」「社外パートナー（協力会社）にも同席してもらう」などの工夫を取り入れる
- 会議に参加する場所にかかわらず、できれば「全員がリモートで参加」する（会議室に複数名が集まりリアル会議 ＋ 一部のみがリモート参加だと「情報格差」が生じるため）

Q Web会議を使ったリモート・ブレインストーミングが
うまく進まない

A ブレインライティングを試してみましょう

リモートブレストを成功させるポイント

翌月や翌々月のSNSアカウント投稿案・SNSマーケティング施策につい
てブレインストーミングを行う際も、前述のWeb会議ツールが有効です
が、以下のポイントにも留意してみてください。

● **事前準備が最重要**

コンテンツカレンダーや投稿案に生かせるネタ（例：プレスリリース計
画・新商品発売情報など）を参加者に事前共有して読み込ませ、各自が投
稿案を持ち寄るスタイルがお勧めです。

コンテンツカレンダーはGoogleスプレッドシートで作成し、参加者全員
で共有・編集可能にしておきましょう。

● **リラックスした環境作りを**

気軽な雰囲気でリモート・ブレインストーミングを行うのであれば、あ
えてランチタイムやティータイムを選び、画面の前でそれぞれが飲食しな
がら進めるのもよいでしょう。求めたい雰囲気に合ったバーチャル背景を
参加者全員が使うことで、場のムードを盛り上げることも可能です。

テレワークにも最適な「ブレインライティング」

とにかく短時間にたくさんのアイデアを集めたい、いろいろな投稿アイ
デアが欲しいときには「**ブレインライティング**」もお勧めです。これは、
複数名が会議室などに集まって行うブレインストーミングと違い、「参加者

で集まる必要がない」「自分のペースでアイデアを出せる」手法のため、テレワークにも最適といえるでしょう。

ブレインライティングの進め方を以下に紹介しておきます。

用意するものは、Googleスプレッドシートで作成した「ブレインライティングシート」のみです。1人5分以内で3つのアイデアを記入し、次のメンバーにバトンタッチします。テレワーク環境で行う場合は、「自分の分の記入を終えたら、次の人にメールなどで連絡する」「前の人が記入を終えてから24時間以内に記入する」などのルールで進めるとよいでしょう。すべてのマスが埋まったら、参加者全員で意見を出し合い、採用すべき、よいアイデアを精査していきましょう。

テーマ【新商品○○に関するSNS投稿アイデア】

・5分間で3つのアイデアを記入する
・前の人のアイデアを発展させてもよいし、独自のアイデアを記入してもよい

担当者名	A	B	C
佐藤	人気フレーバー投票	4コマ漫画で○○を表現 どのフレーバー？クイズ	○○のイメージソング募集
鈴木			
髙橋			
田中			
伊藤			
渡辺			

図 8-2　ブレインライティングシート

Q SNS 投稿を実際に行う前に、念のためテスト投稿を行いたい

A プレビューやテスト投稿によって事前確認しましょう

SNS投稿前の校正・校閲の重要性はお伝えしてきた通りです。特に、以下についてはプレビューやテスト投稿によって事前確認することが大切です。

- 画像／動画の見え方は適切か
- 改行位置は適切か
- 絵文字はちゃんと表示されるか
- ハッシュタグ・位置情報は正しく機能するか
- メンションは正しく機能するか

具体的なテスト投稿（プレビュー確認）の方法を図8-3に挙げておきます。

	テスト投稿の方法
Facebook	• 「非公開」のFacebookページを作り、テスト投稿を行う • 「非公開」のFacebookページは、管理者のみが投稿内容を見ることが可能 参考：https://www.facebook.com/help/184605634921611
Instagram	「非公開アカウント」を作り、テスト投稿を行う 参考：https://help.instagram.com/448523408565555
Twitter	テスト投稿用アカウントを作り「ツイートを非公開」設定にし、テスト投稿を行う 参考：https://help.twitter.com/ja/safety-and-security/how-to-make-twitter-private-and-public

図8-3 テスト投稿（プレビュー確認）の方法

これらの方法でテスト投稿を行う際は、以下についても留意してください。

- 「Facebookページ名」「Instagramアカウント名」「Twitterアカウント名」およびプロフィールは「公開」状態ですので、企業名・団体名を含んだものや、それらが容易にわかってしまうような言葉は含めないようにする
- SNSの一時的な不具合やバグの影響で、いわゆる「鍵が外れてしまう」事態がまれに発生するので、万が一に備えて、「テスト投稿を終えたらすぐに投稿を削除する」よう徹底する
- 「Windows」「Mac」「iOS」「Android」など環境の違いによって、SNSの仕様が異なっていたり、絵文字や画像の見え方が異なっていたりするので、できれば、テスト投稿の確認は、あらゆる環境で行うようにする

　また、SNS運用管理ツールにはたいてい「投稿プレビュー機能」が付いています。やや簡易的な場合もありますが、テスト投稿の手軽な代替手段として使うのもよいでしょう。

日本におけるBtoB企業の
SNSマーケティングの現状

　海外に比べると、日本における「BtoB企業のSNSマーケティングの成功
事例」はまだ多くありませんが、これは母数が小さいためでしょう。実際
にはBtoB企業でもSNSをマーケティングに活用することは有効であるた
め、今後は成功事例も増えてくるのではないでしょうか。

BtoBビジネスの購買行動モデル

　BtoBビジネスにおける購買行動プロセスは、BtoCビジネスでのそれと
は異なります。一例として一般社団法人日本BtoB広告協会副会長などを務
めた河内英司氏が提唱するASICAを以下に挙げておきます。

**Assignment（課題） → Solution（解決） → Inspection（検証）
→Consent（承認） → Action（行動）**

　この「Solution」フェーズは「課題を解決する手段を探す状態」、
「Inspection」フェーズは「課題解決策が有効か、費用対効果はどうかを検
証したり、競合比較などを行ったりする状態」とされています。これらの
フェーズのユーザーは検索エンジンやSNSを使って情報収集・分析を行う
ことが多いため、企業がSNSを通じて情報を提供したり良好な関係性を構
築したりすることは「Consent」フェーズに向けてよい後押しになること
でしょう。

ザイオンス効果（単純接触効果）も期待

　何度も繰り返し接することで、好意度や印象が高まる効果のことを「ザイオンス効果（単純接触効果）」といいます。

　基本的に意思決定者が1人しかいないBtoCビジネスと異なり、BtoBビジネスではDMU（Decision Making Unit：意思決定者または意思決定関与者）が複数いるケースが多いことも忘れてはなりません。彼らとの接触回数を高め、皆さんの企業や商品・サービスへの認知度・好意度を高めてもらうため、つまりザイオンス効果を活用するためにもSNSを利用すべきでしょう。

> **Q** BtoB 企業による SNS 活用事例には、どのようなものが
> ありますか？

> **A** 「人材採用」「コンテンツマーケティング」目的での運用が
> よく見られます

　日本におけるBtoB企業のSNS活用事例としては、「人材採用」「コンテンツマーケティング」目的でのSNSアカウントの運用がよく見られます。それ以外のものも含め3社の事例を紹介しておきますので、参考にしてください。

● SNSアカウントの運用
日本IBM
https://twitter.com/IBM_JAPAN
　「ソーシャルメディアを通じてIBMブランドを人々の生活に溶けこませる」「IBMのファンを増やす」をミッションとしたSNS専属チームが運用しています。

● アクティブサポート
デル株式会社（デル法人向けテクニカルサポート）
https://twitter.com/DellCaresPRO_JP
　アクティブサポートをはじめ、ユーザーとの積極的なコミュニケーションを実施。カスタマーセンターやエンジニア紹介など硬めの内容と、「記念日投稿」など柔らかめの内容をミックスして発信しています。

● インフルエンサー活用
シスコシステムズ「Cisco Champion Program」※海外事例
https://community.cisco.com/t5/cisco-champions-public/ct-p/CiscoChampionsPublic
　専門的なインフルエンサーを集めたコミュニティを作り、製品・サービ

スや業界トレンドなどに対する議論を活性化させ、自社ビジネスに生かしています。コミュニティに参加しているインフルエンサーはTwitterで「#CiscoChat」を付けてツイートするルールとなっています。

私は個人事業主です。同業者との交流やビジネスパートナーを発見するために SNS を使う場合の注意点はありますか？

「見知らぬ相手とも簡単につながることができる」ことは、メリットもあると同時にリスクもあります

　「個人と個人が自由につながれる」のはSNSのメリットではありますが、「見知らぬ相手とも簡単につながることができる」ことはリスクでもあることを忘れないでください。

面識のない相手と交流する際の注意点

　面識のない相手とSNSで交流する際には、「信頼できる相手かどうか」を重要視してください。これは皆さんが「選ぶ立場」でも「選ばれる立場」でも同様です。

　100%安全とは言い切れませんが、SNSにおいて、皆さんの「信頼感」を高める方法・相手が信頼できるかを見抜く方法をいくつか紹介します。

● プライベート用とは別の「仕事用ページ・アカウント」を利用する

　Facebookでは、個人アカウントとは別に「Facebookページ」を作りましょう。Facebookは実名登録・1人1アカウントがルールですが、ビジネス用の「Facebookページ」は個人のアカウントとは別に作成可能です。

　Twitter・Instagramでは、個人のプライベート用アカウントとは別に「仕事用アカウント」を作りましょう。

● プロフィールを充実させる

　仕事用ページ・仕事用アカウントの名前やプロフィールには、本名だけでなく、「弁護士」「ファイナンシャルプランナー」「イラストレーター」といった職種名や、得意分野、実績などのキーワードも入れておくと、検索したユーザーに見つけてもらいやすくなります。

プロフィール写真には自分の顔写真を使いましょう。証明写真やスマホでの自撮りではなく、プロカメラマンに「宣材写真」を撮ってもらうのがお勧めです。可能であれば、髪型やメイク、服装についてもプロのアドバイスを受けられるとなおよいでしょう。

　自己紹介には、自社のWebサイトや（あれば）ブログのURLも入れておきましょう。

● 投稿内容には人格が表れる

　皆さんと面識のないユーザーは、皆さんの人となりを見る上で、SNSのプロフィールや投稿を判断材料とします。公序良俗に反する内容や誤解を与える内容は絶対に投稿しないようにしましょう。万が一、そのような投稿を過去にしていた場合は残らず削除しておくか、新たな「仕事用アカウント」を作り直しましょう。

　皆さんがSNSで仲間やビジネスパートナーを探す場合も、この視点は非常に重要です。相手の投稿は過去までさかのぼってすべてチェックし、「問題ある投稿を行っていないか」「他のユーザーとトラブルを起こしていないか」などをしっかり確認するようにしましょう。

どんな投稿に「いいね！」しているか・どんなユーザーとつながっているかも見られている

　SNSの投稿だけでなく、「どんなユーザーとつながっているか」や「どんな投稿に『いいね！』したりコメントしたりしているか」も、意外と見られています。また、皆さんが仲間やビジネスパートナーを探す場合には、ぜひ見ていただきたいポイントといえるでしょう。

　投稿している内容は当たりさわりのないものばかりでも、その人の「いいね！」や「つながっているユーザー」を見れば、内に秘めている「思想」や「趣味嗜好」などが自然と現れてしまうものなのです。

過去のトラブルを知るにはソーシャルリスニング

　相手が過去に何かトラブルを起こしていないか、クライアントから悪い評判が出ていないかなどを調べるには、本名やSNSアカウント名などを「検索」して、情報収集するのがよいでしょう。

　ただし、インターネット上の情報はまさに玉石混淆です。中にはデマ・フェイクニュースも含まれている可能性が高いことは忘れないでください。

　共通の知人を探し出して評判を聞くなど、インターネットだけの情報にとらわれることなく、多角的に情報収集し、慎重に相手を見極めていただけたらと思います。

Index | 索引

本書内容に関するお問い合わせについて

このたびは翔泳社の書籍をお買い上げいただき、誠にありがとうございます。弊社では、読者の皆様からのお問い合わせに適切に対応させていただくため、以下のガイドラインへのご協力をお願い致しております。下記項目をお読みいただき、手順に従ってお問い合わせください。

●ご質問される前に

弊社Webサイトの「正誤表」をご参照ください。これまでに判明した正誤や追加情報を掲載しています。

　　　正誤表　　https://www.shoeisha.co.jp/book/errata/

●ご質問方法

弊社Webサイトの「刊行物Q&A」をご利用ください。

　　　刊行物Q&A　　https://www.shoeisha.co.jp/book/qa/

インターネットをご利用でない場合は、FAXまたは郵便にて、下記"翔泳社 愛読者サービスセンター"までお問い合わせください。
電話でのご質問は、お受けしておりません。

●回答について

回答は、ご質問いただいた手段によってご返事申し上げます。ご質問の内容によっては、回答に数日ないしはそれ以上の期間を要する場合があります。

●ご質問に際してのご注意

本書の対象を越えるもの、記述個所を特定されないもの、また読者固有の環境に起因するご質問等にはお答えできませんので、予めご了承ください。

●郵便物送付先およびFAX番号

　　　送付先住所　　〒160-0006　東京都新宿区舟町5
　　　FAX番号　　　03-5362-3818
　　　宛先　　　　　（株）翔泳社 愛読者サービスセンター

※本書に記載されたURL等は予告なく変更される場合があります。
※本書の出版にあたっては正確な記述につとめましたが、著者や出版社などのいずれも、本書の内容に対してなんらかの保証をするものではなく、内容やサンプルに基づくいかなる運用結果に関してもいっさいの責任を負いません。
※本書に掲載されている実行結果を記した画面イメージなどは、特定の設定に基づいた環境にて再現される一例です。

※本書に記載されている会社名、製品名はそれぞれ各社の商標および登録商標です。
※本書の内容は2020年7月16日現在の情報などに基づいています。

著者紹介

後藤 真理恵 （ごとう まりえ）

一般社団法人SNSエキスパート協会代表理事。株式会社コムニコ SNSマーケティングラボ シニアアナリスト。
東京大学文学部卒。中学高校教諭第一免許状（国語）取得。日本オラクルにて、技術者向け研修の開発から実施、講師育成、技術者向け資格試験の問題開発などを担当。その後はマーケティング、パートナービジネス部門などを歴任。2013年にコムニコに入社し、数多くの企業のSNSマーケティングを支援するチームをマネージャーとして率いる。2016年11月、一般社団法人SNSエキスパート協会代表理事に就任し、「SNSエキスパート検定（初級・上級）」「SNSリスクマネジメント」講座／認定試験の実施を通して、SNSマーケティングの正しい知識を持つ人材育成にも努めている。著書に『ファンを獲得！Facebook投稿ノウハウ』（翔泳社・共著）がある。

装丁・本文デザイン　植竹 裕（UeDESIGN）
DTP　　　　　　　　BUCH$^+$

デジタル時代の実践スキル
SNS戦略
（エスエヌエス）
顧客と共感を集める運用 &（アンド）活用テクニック
（マーケジン ブックス）
（MarkeZine BOOKS）

2020年8月25日　初版第1刷発行

著者　　　　後藤 真理恵
発行人　　　佐々木 幹夫
発行所　　　株式会社 翔泳社（https://www.shoeisha.co.jp）
印刷・製本　株式会社 ワコープラネット

ISBN978-4-7981-6396-3　　　　　　　　　　　　　Printed in Japan